みんなでつくるインクルーシブ教育

編著
平野智之・菊地栄治

著
木村泰子・倉石一郎・中田正敏
油布佐和子・池田賢市

序　章　「ゆたかな学び」としてのインクルーシブ教育
―実践の「足場」をつくる―　菊地栄治……6
第一章　「みんなの学校」という視点から「インクルーシブ教育」を問う
―大阪市立大空小学校の九年間の事実から―　木村泰子……28
第二章　大阪発・高等学校のインクルーシブ教育
―その原点と持続の意味を考える―　平野智之……56
第三章　〈生きのびるため〉の包摂から、〈生きのびるを「時々」超える〉
インクルーシブな学びへ　倉石一郎……86

第四章　高等学校におけるインクルーシブな組織文化の形成
―「対話の文化」を起点とする改革―　中田正敏……122
第五章　インクルーシブ教育の担い手としての教員
―その要件は何か？―　油布佐和子……160
第六章　子どもから学びを奪わないために
―国際的潮流としてのインクルーシブ教育―　池田賢市……192
終　章　他者と「ゆたかさ」をつくる教育　平野智之……222

【表記について】

近年、人間に対して「障」や「害」という漢字を使用するのはよくないと考え、それを和らげようと「しょうがい」や「障がい」など平仮名を用いた表記が増えている。しかし、障害の社会モデルに従えば、「障害」とは、社会的環境の中で成立する、人間の行動等に制限を強いる障壁のことなのであり、むしろ「和らげる」必要はなく、その人の社会生活を制限する「障害（物）」をしっかりと指し示す必要がある（そもそも、「視覚障害者」といわれる人たちにとっては、平仮名にしても文字通り意味がない）。そこで本書においては、行政等で固有に使用されている場合などを除いて、障害、あるいは誤解を招かないようにカッコつきでの「障害」「障害者」等で統一するようにした。なお、本書内の「普通学級」という表記に関しても、「通常学級」とすべきとの議論もあるが、これまでの社会運動等を踏まえて「普通」と表現している。

序章

「ゆたかな学び」としてのインクルーシブ教育

―実践の「足場」をつくる―

菊地　栄治

一．「仕組まれた不安」の中で…

本書は、一般財団法人 教育文化総合研究所（略称「教育総研」）に設置された『ゆたかな学び』としての学校づくり」研究委員会（略称「学び研」：平野智之委員長）での一年間の学び合いを通して、各々がたどった道のりを言葉にしたものである。新型コロナウイルス感染拡大の真っ只中であったため、大半の会議をオンラインで実施せざるを得なかった。教育総研事務局長（西原宣明さん）ともども毎月参加させていただいたが、対面でのやりとりが叶わない物理的制約の中、非常に内容のある深い議論が展開されていった。参加するほどにこちら側が気づかされ勇気づけられる不思議な学びの空間（平面？）が生まれていった。既刊の報告書(1)のみにとどめるだけではもったいなく、いま少し読みやすく手に取りやすい書籍として刊行することで広く共有させていただきたいという思いに駆られた。学校関係者のみなさまのみならず、子どもたちやこの社会の未来に思いを寄せる多くの方々に手に取っていただければと願い刊行にいたった次第である。

いま、書店の「教育」コーナーに行けば、（たいへん失礼ながら）「仕組まれた不安」

を解消するための本が多数並べられている。オンライン書籍通販サイトで「教育のベストセラー」を検索すれば、売り上げ上位にはドリル本や実践対応マニュアル本ばかりが顔を出す。もちろん、仕組んでいるのは子どもではなく、社会の側である。個人の「できる／できない」「早い（速い）／遅い」…などの枠組で切り分け、人々の不安を煽りつつ分断する社会の存在が背景にある。個人的な不安を解消するために膨大なエネルギーと資源を浪費させるのが後期近代の特徴でもある。むしろ「仕組まれた不安」に抗いその正体を見極め、私たちが前提としている怪しげな基盤ごと取り替えること、これがほかならぬ「教育総研」のミッションである。公刊の機会に、「いまという社会」の特徴から解き起こしつつ研究委員会に託した思いを書き留めておきたい。

二．問いに開かれた概念＝「ゆたかな学び」

「学び」という言葉が教育行政用語として普及したのはごく最近のことである。(2)私たちの日常語である「学ぶ」という動詞でさえも使用を忌避されてきた歴史的経緯がある。ことほどさように、「学び」は色眼鏡で見られてきた。しかし、今次の学習指導要領改訂で「アクティブ・ラーニング」を使用しないという頑な方針との妥協の産物として、「学び」という言葉を行政機関が使用することになった。たしかに、ここには「主体性」なるものを積極的に評価していこうという政策動向が映し出されている。しかし、「主体性」という言葉を使用する際には充分に用心しなければならない。たとえば、教育学者ガート・ビースタのいう教育の三つの機能―「資格化」「社会化」「主体化」―でいえば、「行為と責任ある応答の仕方」としての「主体化」を問うことを意味する。(3) しかし、主体性という概念は両義的である。これを実体化・抽象化された個人特性とみなし「社会を変えていく」というベクトルを見落とすとすれば、自ら主体的に社会に組み込まれる（経済価値を生み出す「役に立つ人間」になる）という意味での「服従する主体」（＝客体）に成り下がってしまう。頑なまでに「学び」という言葉を使用してこなかった国家がこの使用について旗を振っていることの裏事情には敏感でなければならない。生産性が低下した社会状況に対応すべく人的資源を国家や資本がこれらを活用し、ときには収奪する危険性さえ孕んでいる。

本書でいう「学び」は、一人ひとりのものであり、だれしも無関係ではない（他人事化し得ない）営みとして位置づけられている。加えて、主体化は、だれかが（勝手に）決めたゴールに向けて追い立てられるという意味での「主体化」ではない。つまり、価値そのもの（どのような社会にするのか、どのような場にするのか）にかかわることの決定もこちら側に（あるいは私たちの方に）委ねられているのである。これが「学び」概念のキモとなる。

次に、「ゆたかな学び」に目を転じてみよう。「ゆたかさ」とはどのように定義できるのだろうか。「物質的・経済的な豊かさ」であれば「一人あたりGDP」で測定することが知られている。これは二つの点で疑問符がつく。ひとつは、数量化できるものだけが豊かさの指標なのかというありがちな疑問である。もうひとつは、「一人あたりGDP」は人々の不幸に対応する経済活動もまたこれに反映されており、いわば「不幸の指標」でもあるという点である（病気と薬の消費量との関係や戦争の危機言説と武器の生産量の関係などを考えればわかる）。ウェルビーイングという言葉と同様に、それは容易に数量化できるわけではなく、文脈や関係性に依存し、かつ主観的なものでもある。つまり、「ゆたかさ」もまたこちら側や私たちの側のありように委ねられるべき概念なのである。

以上のように、「ゆたかな学び」はただ単に麗しい言葉として語るべきものではなく、関係性や文脈に照らして吟味され、それぞれの問いに開かれた概念である。まずはこの点を押さえておきたい。

三．なぜ「インクルーシブ教育」から始めるのか？

子どもも教員も保護者も半ば無意識のうちに時代に翻弄されてしまっているのではないだろうか？　そんな根本的な疑問が頭をもたげる。後期近代を生きる私たちは、なぜか時間に追い立てられ、個人化／他者化される社会で生きさせられている。自分を受け容れることを忘れさせられるくらいに、細かな差異という「価値」の次元で生きることを強いられている。[4]（望ましいかどうかの判断を奪われたまま）「そうならざるを得ない」と思い込まされた「社会変化」（ex. Society5.0）が国家によって設定されていく。まっとうな経済学者からみれば、「資本主義が終わっている[5]」のは自明である。にもかかわらず、いや、だからこそ、利子率がゼロになっていても国家は危機の本質をすり替え、利潤率を高めることを求める。付加価値を生み出す人材養成に期待し続け、あれもこれもとやみくもに学校教育に要請し続けている。周知のように、日本では極端なまでに不充分な公教育費を私教育費で補わせている。そのような社会では、教育は個人的投資の行先として、子どもたちを無意味に追い立てていくことになる。子どもの時間は蹂躙・劣化され、差異的な教育投資のひとつとして塾通いが浸透している。批判的思考を欠く「研究者」はその教育効果を喧伝し、保護者は子どもの未来への個人化された不安を煽られ、投資のための過重労働にいそしむ。しかも、結果として能力主義を助長し（見落とし）これを下支えする学問も少なくない。

これら構造的矛盾の中で「社会変化」への対応を求められ続けた結果、学校では典型的な問題事象がもたらされる。それが、「教員の多忙化」である（図1）。

過労死水準とかなり近似する「12時間以上」（平日）勤務する割合は、ここ一〇～二〇年で各校種とも二～三倍に激増している。政策の立案・遂行の構造を変えないまま、「あれもこれも」と加算されていくことの必然的結果である。教育現場からは、次のような切実な声が聴こえてくる。(6)

図１　勤務時間の変化（校種別：%）

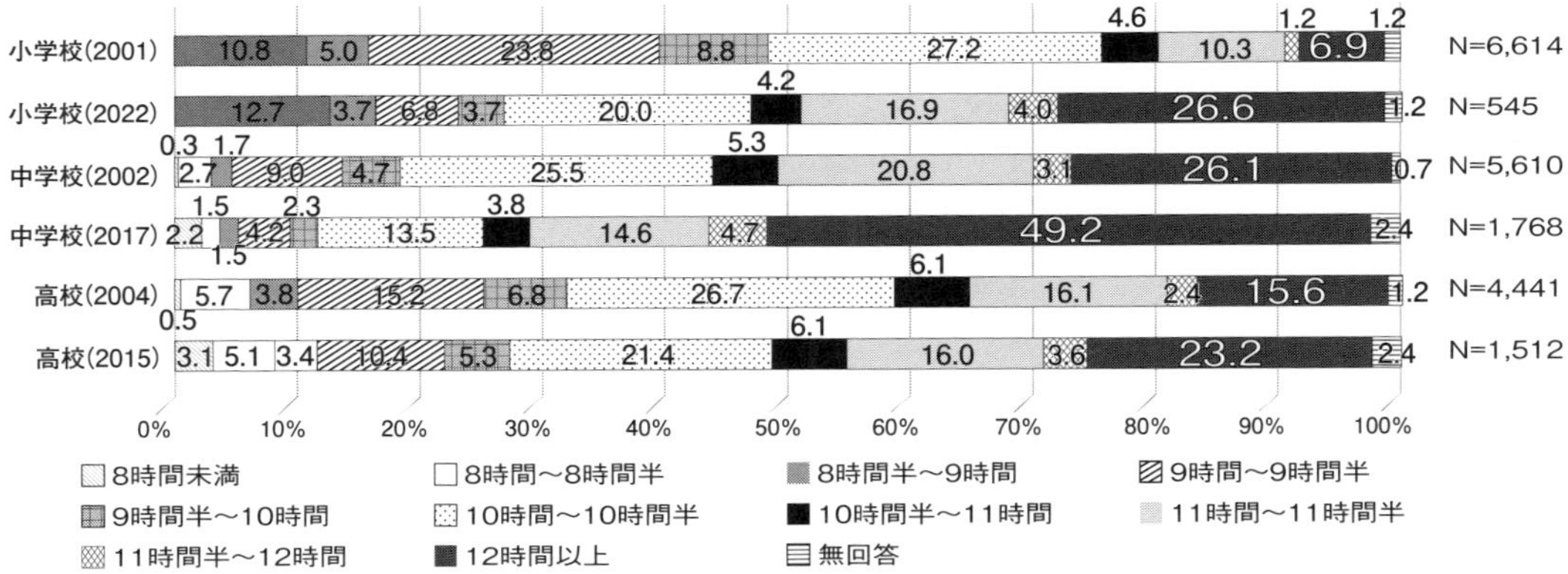

出典）　菊地栄治編『〈多元的生成モデル〉にもとづく教育政策の再構築に関する総合的研究』（科学研究費最終報告書）早稲田大学、2023年３月、163頁、に加筆。なお、小学校調査（2022）は回答者の負担軽減のためウェブ調査を採用するなど、実施方法が異なるため、あくまでも参考データであることをご理解いただきたい。また、「８時間未満」と「８時間～８時間半」を「８時間半未満」として括っている。

「仕事量が多く、疲弊している。同僚に仕事をお願いしたくても、そもそもの仕事量が多いので、頼むと勤務時間内に終わらないこともあり、頼み辛い」（小学校・40代・女性）

「働き方改革と言いながら現実は業務が減るわけでもなく、同じ仕事量で早く帰れと言われても難しいこと」（小学校・30代・男性）

「家庭の時間が少ない。自身の子どもと過ごす時間が取れない」（小学校・30代・女性）

「いろいろなことが増えすぎる。足し算はできても引き算はできないのか！っと、つっこみたくなる！　仕事量が多すぎる。増やしたら減らさないといけない」（小学校・30代・女性）

「社会で何か問題が生じれば、○○教育という名を付けられ、それを学校現場で教えるようにと導入される。物理的にも時数がなく、結果的には教科の時数をけずって実践化している。これで良いわけがない。〝教育に終わりなし〟で、教員は自宅にもどっても仕事をし続けている。残業手当なども一切ないことを、世間は知らない。学校現場ほど、ブラックな職場はない」（中学校・50代・男性）

「勤務時間内に終わらない仕事量である。仕事量は増えているのに、それを消化するための体制はとられていない。家でやろうとしても持ち出し禁止など、矛盾だらけである」（中学校・40代・女性）

「評価などで、教員同士がぎすぎす感じる。教員として子どもたちに伝えたい、教えたいことができない。点数を上げる（学力）、不登校生徒への対応、事務仕事の多さ、部活の忙しさ。すべてが子ども全体にしわ寄せしています。先生たちが笑顔になれない現場になっています。生活する上で自分の時間がほとんどないです」（中学校・40代・女性）

行政当局も既存の枠組に則り歪んだ構造を温存しながら「弥縫策《びほうさく》」を施している。しかし、そもそも想定する社会のイメージが改められないまま外側から充分な資源を投下することもなく、あれもこれもと求める場合には有効な手立てになるはずもない。まさに教育現場の「足場」になるような見方を持たせないように追い込んだまま、学校の置かれた文脈を度外視しつつ一律に「令和の日本型学校教育」にふさわしいあれもこれもの教員像を下ろしていく。事態の改善が困難をきわめるのはあたり前である。

したがって、経済社会や消費社会や国家の都合であれこれを求められる構造そのものを問い直す視点を持つことが不可欠となる。その上で、この構造そのものを抜本的に変えていくことの他になすべきことは、切実さを抱える他者と丁寧に向き合い対話しこちら側が揺さぶられつつ、場そのものを変えていくことである。そうしてはじめて、社会の歪みを整える方向で未来像が漸進的に結ばれる。まさに既存の構造のいびつさを露呈させ、「ゆたかな学び」の方へと転換させる最も重要な契機となるのが、「インクルーシブ教育」をその学校や教室や地域社会でどのように実現していくかを真剣に考えていく場面なのである。

日本においては、民主主義も人権もリアルに問い直さないまま社会が成り立っているところがある。逆に、消費者（保護者）の不安を煽り問題は個人化され、かつ、他者化された関係のもとで処理され、失敗は自己責任化させられる。この傾向はますます強まっている。とくに、一九七〇年代のグローバル経済化に端を発する新自由主義が極まり、実質所得が長年停滞しているこの国においては、事態は一層深刻化している。経済界の都合や既得権益保護と企業丸抱えの構造を前提としたまま、このいびつな歴史構造的な要因が教育政策のあり方にまで影響を及ぼしてきた。この点は、長年にわたって能力主義の負の影響として批判されてきたところでもあるが、それはさらに「主体化＝服従化」する国民を巻き込む形で正統化されるにいたっている。

四．「インクルーシブ教育システム」の日本的解釈

政策形成の構造的基盤を変えないまま政策が下ろされ、現場の主体性を活用し吸い取る仕組みがいまなお維持・強化されている。中教審の審議内容を精読すると、政府内の権力の構造が垣間見えたりもする。たとえば、かつては財務省が、あるいは最近

では経産省と内閣府や政府の意向を忖度しながら、「落としどころ」を探っている姿が読み取れる。たとえば、「個別最適な学び」に「協働的な学び」が加算されていくプロセスはその典型である。しかし、これは後期近代の特徴でもある。何も今回の教育改革に限ったことではない。その典型例が、いわゆる「インクルーシブ教育システム」という不思議な日本的特徴である。

学校教育をめぐって、「障害」がある児童・生徒が普通学校や普通学級で学ぶことは日本では長い間実現されなかった。実際には、義務教育に包摂する法制化がなされることで、逆に別学化され空間的に分離が進められる結果となったりもした。加えて一九七九年の改革以降も、包摂されず排除される構造がつくられていった[7]。行政によって適格者主義が主張された高校教育においてはなおさらこの傾向は強かったといえる。

かつて、ノーマライゼーションの動きが北欧から移入された際にも、概念は日本的に読み替えられていったが、インクルーシブ教育についても同じようなことが起こった。共通しているのは、個人の存在論的不安を煽り、直線的な発達の時間軸で「できる／できない」を個人化してとらえていくという歪んだまなざしであり、何より、当事者の声を聴く側が変えられないまま、当事者の判断を収奪するという、父権主義（パターナリズム）の根強い呪縛が存在したことである。

中途半端な公的・財政的支援を「変えられない条件」として受け容れさせ、かれらが自発的に排除された空間の方を選ぶことが将来の幸せへとつながるという幻想を抱かせるという仕掛けが用意されてきた。その際、医療的診断＝専門家の判断を前提に、個人がどちらの選択をするかという場面が設定されることになった。二〇〇七年には学校教育法等が改正され、特別支援教育なる概念と専門的知識に国家が正統的権威を付与した。このことで、「できる／できない」という一次元の尺度のもとに子どもたちが個別支援されつつ整序づけられることになる。この仕組みを通して、「特定の前提にもとづく実体論的・数量的幸せ」の尺度を諸個人が内面化し、互いに出遇うことのない場で自己形成するという奇妙な空間が用意されていくことになる。

多忙化が深刻化し、学力低下が問題視され、これらの「課題」に応えるためにますます個人化が進められていく。この分断された状況に個別対応する人材を用意することが教育政策とみなされることによって、異質な他者と出遇い学び合うことの意義がどんどん薄められていくことになる。

図２　特別支援学級在籍児童生徒比の推移

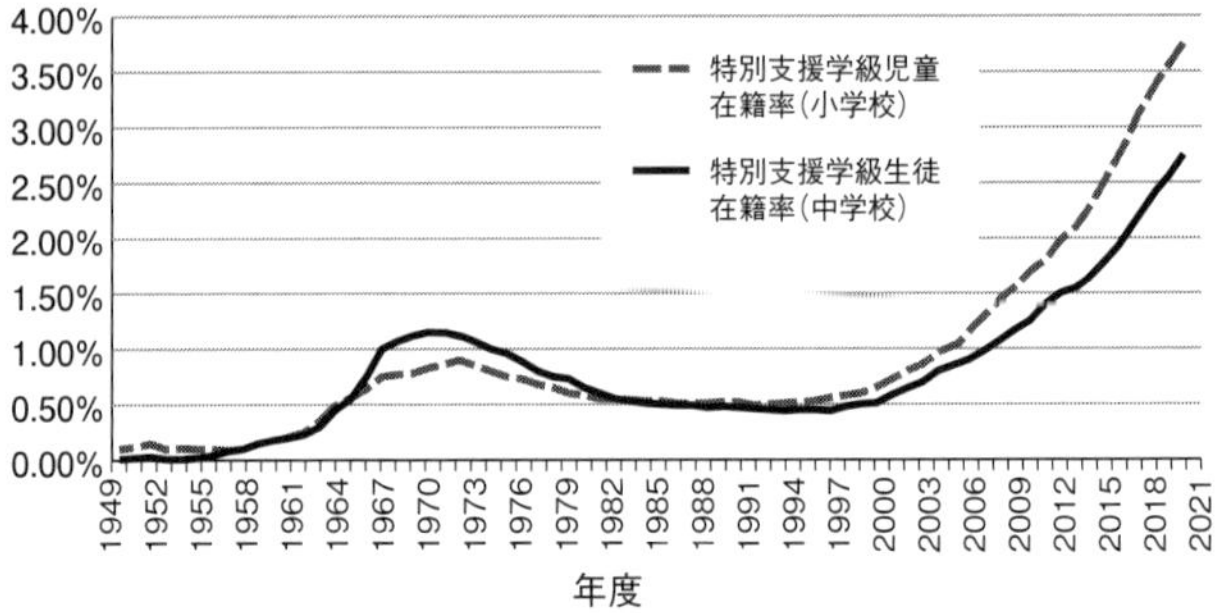

注）文部科学省『特別支援教育資料』（令和３年度版）および『学校基本調査』（各年度版）より作成。

一定部分については他国と共通しているが、しかし、やはり日本のあり方は異様である。特別支援教育の制度化を契機に、特別支援学級は指数関数的に増えている（図2）。特別支援学級の児童・生徒在籍率はここ三〇年で六倍〜七倍強に激増している。同期間の特別支援学校の在籍率増加幅（約1.6倍）よりもはるかに大きく、「発達障害」等を典型とする医療化言説の広がりと制度化の影響の大きさを裏づけている。まさに、「インクルーシブ教育システム」の方針と制度は驚くべきスピードで浸透してきている。もちろん、同じ空間で形式的に学ぶことがゴールではないが、そもそものスタート地点にさえも日本の教育は立っていないことがわかる。これは、種々の「障害」をめぐる問題にとどまらない。基本的に、人権にかかわる国際規約等を軽視する傾向がこの国の「遅れ」として長年にわたって存在している(8)。

この日本的傾向は、これからの未来社会を形成していく上で致命的な欠点であると言って間違いない。逆に言えば、そのような国が魅力的で「ゆたかな社会」として世界の人々から認められるはずもなく、人類の歴史からも置いてきぼりにされるに違いない(戦争などで、そのような人間的なありようさえも期待されない悲惨な状況が世界を覆い尽くす荒んだ時代となれば別であろうが…)。

そんな中でも、しんどい状況にある子どもや若者に出遇いかかわることで、私たちの社会や学校のあり方から根源的にふりかえり、かれらとともに歩んできた人たちがいる。その歴史そのものは尊いが、試みを押しつぶすほどに構造的な条件は劣悪である。「分ける／分けない」という議論さえも充分に止揚し得たとは言えない中でも、粘り強く抑圧状況に異議申し立てし、行動し続けている人々もいる。システムの問題に矮小化するのではなく、まさに私たち一人ひとりが自分事として問い行動し開いていくことが求められる。

そもそも、「いっしょに生きていくこと」という非常にシンプルなゴールがかくも難しくさせられるのはなぜだろうか？　教育政策そのものがこれを実現する方向で展開したためしがあるだろうか？

五．もうひとつの価値を選択することの「ゆたかさ」へ

端的に言えば、教育は、社会の縮図であると同時に、社会を創り変えていく契機をもつものでもある。主体化という概念を用いなくとも、教育基本法には認知的・非認知的社会化とあわせて主体化（国家を再構築し新たな社会を形成する者としての学び）の意義と責任が厳然と規定されている。ニュアンスは変わったとはいえ、それは戦後一貫して教育基本法等の法律の前提に流れている思想である。法を適切に解釈し味方につけ、その選択が意味を持つと実感できるためには、実践の意味を共有しつつそれぞれのやり方で試み、経験を通して確かな知恵として熟成させ、さらに文化として発展継承していくしかない。このような閉塞した社会であるからこそ、未来への可

能性を持つ試みをまずは足元から始め、これを組織的に展開し、制度的に応援していくことが求められる。

異なる校種で実践可能であることを明確にする必要を感じ、本書では、大阪市立大空小学校と大阪府立松原高等学校の実践事例を当事者の深くリアルな記述として記していただいている。子どもたちや若者たちの言葉を奪わず、丁寧に声を聴き合い、かつ、かれらの学び合いの中に委ね、地域の大人たちも含めて変わり合っていく「あたりまえの姿」が描かれている。いずれの場でもそうであるが、学びの日常は案外淡々としている。しかし、ときどきに子どもたちの可能性が浮き出てくる瞬間がある。

ドキュメンタリー番組の中で、木村泰子さんは、友だちに暴力を振るってしまったマサキがいまの気持ちを書いてきた文章を読み、こう語っている(9)。

「『ぼくはこれからぜったい人に暴力をふるったり暴言をはいたりしません』…見事に簡潔に書いてあった。すごいなぁ。これホンマやったらこんな麗しいことはないねんけど。これ、でも、できすぎやて。…この一瞬一瞬はほんものやねんなぁ。この一瞬を、『言うけどまたやんか』ちゃうねん。一瞬はほんもの。

――この点と点がどうつながっていくかやからな。これが子どもの可能性やな」――

この子どもの可能性に開かれていることが「救い」となる。だれしもがしくじり反省し、また同じことを繰り返す。マサキが問われていることでもあるが、同時にまわりの大人たちも問われているのであろう。「子ども中心主義」や「人権教育の成果」などという括りでさえも言い及ばない深さがそこにはある。外側から括ることで排除が生まれ、特権化されていくこともある。本来的には、「インクルーシブ教育」とわざわざ言わなくてもよいほどに空気のようになる時代が来てほしい。まずは、当事者の言葉と表情の奥底に映し出される他者や自己との向き合う姿を大事にしたい。

本書で描かれたさまざまな場面が持っていることの意味をいっしょに感じていただけたらありがたい。「大空（おおぞら）」や「松高（まつこう）」は、学術の世界の理論的妥当性を検証し決着させる実験室などではない。そこには、近代の知の狭い視野から分析することでこぼれてしまうゆたかでたしかな現実がある。まず五感を使って味わい、自分の生きてきた世界と関係づけながら学ぶことが出発点になる。決して大げさではなく、こうしたかかわりから学びをつむいでいくことこそが、ＡＩ時代に残された公教育のレゾンデートル（存在理由）なのである。

＊＊＊＊＊＊＊

以下に続く各章は、「実践」と「研究」と「実存」の三つを大切にしてきた人たちによって書かれている。（おそらく部分的には当事者とのかかわりの濃淡の違いの投影として）両校の試みについての認識にもいくばくかの違いがある。それは当然であり、横並びの世界観で統一されて書かれているわけではないことの証である。しかし、教育現場を含めて教育と社会の「しんどくされた状況」を憂慮し、少しでもよりゆたかな方向で改められる試みにいっしょにかかわっていきたいという願いは共有されていると確信する。あえて一括りにせず、それぞれの問いを大切にしながらまとめることが優先された所以である。一年間という研究期間としてはきわめて短い時間でのとりまとめと発信をお願いせざるを得なかったことは、ひとえに当方の責任である。にもかかわらず、委員のみなさんはたいへん丁寧に応答してくださった。ぜひ、一つひとつの思いのこもった文章をお読みいただき、身近な人との対話のきっかけとして生かしていただければ望外の喜びである。(10)

【註】

1　『「ゆたかな学び」としての学校づくり研究委員会報告書　今こそ「ともに生きる」教育を―「インクルーシブ教育」を問い直す―』教育文化総合研究所、二〇二二年一二月。

2　たとえば、戦後の学習指導要領をたどると、「学ぶ」という動詞は用いられることさえまれであることがわかる。小学校の総則等で言えば、名詞としての「学び」の使用は試案・改訂を含めて8次にわたって確認してみても皆無であることがわかる。その意味で、今回の改訂は例外的と言える。とはいえ、使用は「学びに向かうこと（力）」「総合的な学び」「自覚的な学び」に限られるほかは専ら「主体的・対話的で深い学び」に慎重に限定されている。

3　ガート・ビースタ（二〇二一＝二〇一九）（上野正道監訳）『教育にこだわるということ　学校と社会をつなぎ直す』東京大学出版会、二一頁。

4　「いっしょに生きていく（ために学ぶ）こと」が難しく思わされている仕掛けを深く認識し、もうひとつのあり方について人類学的根拠にもとづいて温かい気持ちで学ばせてくれる著作として、デヴィッド・グレーバー（二〇一六＝二〇一一）（酒井隆史監訳、高祖岩三郎・佐々木夏子訳）『負債論　貨幣と暴力の5000年』以文社、同（二〇二二）（藤倉達郎訳）『価値論　人類学からの総合的視座の構築』以文社、などを参照されたい。

5　この点については、水野和夫（二〇一四）『資本主義の終焉と歴史の危機』集英社新書、同（二〇二二）『次なる100年―歴史の危機から学ぶこと―』東洋経済新報社、デヴィッド・ハーヴェイ（二〇一七＝二〇一四）（大屋定晴ほか訳）『資本主義の終焉―資本の17の矛盾とグローバル経済の未来―』作品社、を参照。

6　「多忙化」や「教職の危機」とどう向き合うかは、本書の課題に限らずきわめて切実である。図1のデータは、二〇年以上前の問題意識をふまえて、各校種について二時点にわたって実施された全国調査（学校抽出確率五％のサンプル調査）によって収集された。既刊の主な科学研究費報告書としては、『〈多元的生成モデル〉にもとづく教育改革の実践と構造に関する総合的研究』二〇一九年、『「縮小期」後期の高校教育改革を問い直す―〈多元的生成モデル〉の可能性―』二〇二一年、『〈多元的生成モデル〉にもとづく教育政策の再構築に関する総合的研究』二〇二三年、等がある。

7　この時期の議論については、以下の文献が示唆的である。日本臨床心理学会編（一九八〇）『戦後特殊教育・その構造と論理の批判―共生・教育の原理を求めて―』社会評論社。

8　「インクルーシブ教育」理念の日本的読み替えの問題性等についていち早く指摘した論説として、嶺井正也&シャロン・ラストマイアー（二〇〇八）『インクルーシヴ教育に向かって―「サラマンカ宣言」から「障害者権利条約」へ―』八月書館、参照。

9　関西テレビ制作『みんなの学校』二〇一三年一一月二七日放映。制作スタッフと「大空」との関係性がはぐくまれる中で生成される「ジャーナリスト」としての迷いや気づきにこそリアリティの深淵があり、かつ、それによって価値あるドキュメンタリーが生み出されていった。真鍋俊永「多様なふれあいがみんなの成長に―橋下市政の足元で見つめる教育改革―」『Journalism』通巻二八七号、二〇一四年四月号、参照。

10　「学び研」は、本研究委員会の知見をふまえて、「足場」をたしかにするための第二弾へと展開している。と同時に、実践の「支え」となることを期して、「『ゆたかな学び』のための社会づくり研究委員会」では、国民国家／資本主義／近代が子どもや大人の生や学校のありように及ぼす影響を捉え、どのようなマクロな対応が可能であるかに検討を加えようとしている。研究成果については今夏以降に発信予定である。

【付記】本研究委員会にお力添えいただきました平野智之委員長をはじめ、委員のみなさんのご尽力に心から感謝申し上げます。あわせて、特別講演を行っていただいた曽我部昌広さんにもこの場を借りてお礼申し上げます。

第一章

「みんなの学校」という視点から「インクルーシブ教育」を問う

―大阪市立大空小学校の九年間の事実から―

木村　泰子

一．大空小がなぜ「みんなの学校」でなければならなかったのか

「みんなの学校」は全国のパブリックの学校の代名詞である。

学校は、子どもが「自分をつくる」ために学び合う場であり、パブリックの学校の「最上位の目的」は「すべての子どもの学習権を保障する」ことである。「障害」があろうと「貧困」であろうとすぐに「暴力」をふるってしまう子であろうと、地域の宝である地域のすべての子どもが「地域の学校」でいつもいっしょに学び合うのはあたりまえのことである。

パブリックの「最上位の目的」を全教職員で合意形成し、「みんなの学校」をつくるためのあらゆる手段を日常の対話を重ねながら生み出し行動してきた。

二〇〇六年四月の大空小学校開校時、一〇年後の社会を想定して、学力を「見える学力」と「見えない学力」に分け、その中身を明確にした。つまり、点数で評価される学力と、社会で「生きて働く力」との違いを言語化し可視化したのである。「多様性・共生・想定外」のキーワードが待つ時代に、すべての子どもが自分から自分らしく「自分の言葉」で語り、なりたい自分になるための「生きて働く力」を「人を大切にする

力」「自分の考えを持つ力」「自分を表現する力」「チャレンジする力」の『4つの力』とし、「すべての子どもに必要な学力」として学力の上位目標においた。

「障害」や「貧困」など、一人ひとりの子どもが背負っているリュックはさまざまである。また、一人ひとりの子どもの未来も無限大である。そんな一人の子どものリュックや未来を一人の教員が担えるわけがない。子どもを主語にした学校をつくるため、教員が自らの授業を開き、平素の授業に教員以外のさまざまな「人」が入り授業を多様な学びの場にすることが急務であった。

そこで、「みんながつくる　みんなの学校　大空小」を合言葉に、「自分がつくる自分の学校」が必然的につくられていった。多様な「自分」を持つ子ども同士が、いつもいっしょに学び合う中で獲得する「見えない力（4つの力）」こそが、一〇年後に多様な社会で「生きて働く力」であることを九年間の子どもの事実から確信することができた。

一人ひとり違う個性を持った子どもが、ありのままの姿を出し合って学び合うのが学校現場であり、トラブルが起きるのは当然である。このトラブルを「生きた学び」

に変えるか、「いじめ」に変えるかが教員に問われる専門性である。

「指導」は一瞬で「暴力」に変わる。教員が「正解」を教え、ジャッジさえしなければ、子ども同士は自分と友だちの「違い」を尊重し合い対等な関係で学び合う本質を持ち備えている。「ジャッジ」より「通訳」に心がけ、子どもと子どもをつなぐことを目的とした。困っている子が困らなくなる環境を豊かにつくることに大人のチーム力を高め合ってきた大空小での九年間であった。

周りからはインクルーシブ教育の先進校と言われることがあるが、開校以来「障害」や「インクルーシブ」といった言葉は使ったことがない。それは、子どもが納得する説明ができる力を持ち備えていないからである。大空小の姿はパブリックの「地域の学校」として誰一人排除することなく、すべての子どもがともに学び合うというあたりまえの事実をつくることだけを目的として、この目的を大人たちが合意形成をし、それぞれにできる手段を駆使してきた一つの事実にすぎない。

教員一人の指導力をどれだけ高めても一人の子どもの学びも保障できないのが今の日本社会におかれている子どもの現実である。あえて言うなら、「インクルーシブ教育」はパブリックの学校の最上位の目的を果たすための不可欠な手段である。

二．「みんなの学校」を阻んでいる日本の学校現場の問題

開校時、「発生・発達障害」があると言われた子どもは三人からのスタートだった。それが、九年目には五〇人を超えていた。次から次へと、他の公立小学校から排除された子どもが引っ越しをして転入してくる事態が続いた。

授業が進まないことで担任が困る原因をつくる子どもに発達検査を受けるように促し、「発達障害」と診断されれば通常の学級から排除するといった状況が全国各地で依然増加傾向にある。私は大空小を去ってからは、四十七都道府県の全国の学校現場の抱える課題をつぶさに学ぶ機会が与えられた。どの現場も「ふつうの子」と少し違うと、別の場での学習を言葉巧みにすすめる実態が共通していた。みんなと一緒に学ばせたいという保護者の願いを「みんなといっしょの教室を選ぶなら支援を受けられないですよ」と公然と言う校長。その言葉に、「別室」での選択を余儀なくされる保護者は「みんなの学校」に希望を見出す。

また、「通級」「交流」という学校にとって都合のいいシステムが提唱され、子ども同士の関係性を巧みに分断し、見えない排除を生んでいることも大きな問題である。このような空気の中で居場所を失う子どもの事実、通常学級の担任と特別支援学級の担任の責任のなすり合い、また、勇気を出して通常の学級を選んだことでいじめを受け、学校に行けなくなっている子どもも増えている。自分が周りの子どもたちと違っていることで自信を無くし閉じこもる。あってはならないことに、かけがえのない命までなくそうとするケースもまれではない。

「ふつうの子」など一人もいないことを教員から発信しなければならないはずである。だが、インクルーシブ教育をとの声に、「分ける教育」を推進し、特別支援教育を充実させることがその成果だと自負している学校現場が多いことに驚きをかくせない。特別支援教育を「医学モデル」で語る専門家に惑わされている現場の教員や保護者も多い。

支援の必要な子にとって必要な学力をつけるために、みんなと違う教室をすすめられる。それも学校の都合で決められた時間に、分けられた場が与えられる中で、その子に必要な学習をというのだが、その次の議論がほとんどの現場でされていない。どんな力をどのようにどんな人から獲得するかを「場所」ではなく「人」で語るべきである。

就学前に早期発見・早期治療として各行政が行っている発達検査は、一〇年後の社会をともにつくり、ともに生きるための合理的配慮として行われているはずである。しかし、現実は合理的配慮の名のもとに合理的に排除されている子どもの事実があることを、真摯に問い直すときだ。

特に「発達障害」の言葉は思考停止を招く。専門家が問い直しをしなければ負の連鎖は止まらない。子どもの事実に学び、子どもの事実に返る真の「インクルーシブ教育」を問う。

三．子どもの事実に学ぶ

大空小も開校時から「みんなの学校」ができていたわけではない。開校一年目に突然やってきた二人の子どもとの出会いから「みんなの学校」づくりが必然的に始まった。

（二）ショウタとの出会い

開校時（二〇〇六年四月の始業式）に不安な表情で集まっている子どもたちを前に、「心配しなくていいよ。みんなでいい学校をつくろうね」と話していたその時だ。突然大きな男の子（ショウタ）が講堂に「乱入」してきた。

ウオー、と大きな声を出しながら講堂に入って来るや否や、舞台に駆け上り、二階のギャラリーを笑いながら大声で走り回る。先生が追いかけると余計に動きが大きくなって逃げ回るのだ。それまで、校長の話を聞いていた子どもたちはみんなショウタの姿を不安そうな表情で見ている。それもそのはず、校長がまず驚いて話をやめてその子を見ているのだから当然である。

実は、その時の校長であった私の心の中には（今からみんなでいい学校をつくろうと思っているのに、こんな子が来たらいい学校と思ってもらえないではないか。この子さえいなかったら…）と、信じられない気持ちがわいたのだ。教員時代には持ったことのない感情で、まさに、差別である。

この日から内心の気持ちは隠し続け、ショウタを排除しないようにふるまった。新任の女性にショウタの手をつないで学校から逃げていかないようにと指示をした。ところが、新任の手を振りほどいてショウタは「脱走」した。私はすぐに母親に連絡をして謝った。すると、母親は「校長がなぜ謝るのか。もし、交通事故で命をなくそうとそれはウチの子どもの運命です。校長の責任にはしないので、学校にだけは行かせてやってほしい」と言われた。ショウタは地域のパブリックの学校での実績がない。施設の院内学級で過ごした経験しかない子どもだった。私は母親のこの言葉を聞いたときに自分の情けない心のうちをやり直さなければと打ちのめされた。

そんな六月の梅雨のある日、ショウタは初めて担当と手をつないで自分から六年生の教室に入っていった。だが、私が担当に「すごいね」と声をかけた瞬間に教室を飛び出し、廊下を走っていったのだ。慌てた担当は追いかけたのだが、廊下が湿っていてスッテーンと転び、廊下のロッカーにぶつかり廊下中に大きな音が響き渡った。あまりの大きな音に五・六年生の子どもや大人たちはみんな廊下に出た。ショウタはすでに廊下の端まで走っていて、そこを曲がれば「脱走」のチャンスだ。

誰もがそう思ってしまったと思うが、ショウタは振り返っていつも自分の手をつないで「拉致」している先生がひっくり返っているのを見たのだ。すると、バタバタと音を立てながら大急ぎでひっくり返っている彼女のもとに駆け寄り、彼女のお尻をさすりながら「痛いね、痛いね」と言葉を発した。ショウタは言葉を持っていないと聞いていた私のその時のショックは、今もくっきりと心の底に残っている。

そのことにも増して、周りの私たちは転んだ彼女のそばに行くわけでもなく、(あーまたショウタが逃げていく…)と思っていただけで、行動しないその他大勢だったのだ。ショウタの行動に、誰もが言葉にならない感情を抱いたのではなかっただろうか。「重度の知的・自閉」との診断を持つショウタの行動は、他の誰よりも主体的で自律していた。私の小さな覚悟が決まったのはこの瞬間であった気がする。

その後、私はすぐに学校中の子どもと大人に講堂に集まってもらい、前述した始業式で思ってしまった情けないことをみんなの前で伝えた。大空小はすべての校則やマニュアルは捨て、「たった一つの約束(自分がされていやなことは　人にしない　言わない)」だけをみんなで大切にしようと合意形成していたのだが、私はその約束を破ってしまったことを伝えてやり直しをした。

二〇分ほど話したと思うが、誰もがそれなりに校長のやり直しを真剣に聞いてくれていた。「聞いてくれてありがとう。こんなことを言っていてもまた破ってしまうかもしれないから、気づいたら教えてや」と言って解散したのだが、その場にいる誰もが動こうとしない。その時に初めて気づいたのだが、ショウタが一人で講堂の中を走り回っているのだ。いつも手をつないでいる彼女はお尻が痛くて座ったままで校長の話を聞いていた。

この時の講堂は二か月前の始業式と同じ光景だ。校長の話をみんなが聞いている。ショウタは嬉しそうに走り回っている。一体何が違ったのだろうか。私自身が変わったのだ。

二か月前の始業式では、ショウタという困った子が走り回るから、子どもたちは話が聞けない。校長も話をやめざるを得なくなった。ショウタのせいで大事な学習が邪魔され、子どもたちは集中できなくなった。だから、別の教室でみんなから離して学習させることが大事だと誰もが納得する思考に陥るのだ。まさに、今の学校現場で起きていることと同様の問題だ。

ところが、校長のやり直しを共に過ごしてくれたこの時間は、誰一人集中できないことはなく、講堂の空気は止まっていた。ショウタが走っていることや声を出していることなど誰も意識しなかったのだ。理屈ではなく、この瞬間を一緒に過ごした「みんな」が、その時から「みんなの学校」をつくり始めたと言っても過言ではない。「差別」や「分ける」「分けない」や「障害の子どもに手厚い支援を」や「インクルーシブ教育」などの言葉は必要なかったのだ。「いつもいっしょがあたりまえ」の言葉が生まれた瞬間だった。大空小で学び合うすべての人が、自分で体験したことが「みんなの学校」づくりの原点だ。

驚いたのは翌日の朝、ショウタが七時四十五分に外から門を乗り越えて学校に「侵入」してきたことだ。いつもは十時頃にタイヤのチューブで自転車にくくられて家族の人に送られてきていたショウタが、一人で職員室に入ってきたのだ。私たちは何を言ったか、どんな行動をとったかなど覚えていないくらいに舞い上がった。

勝手な想像だが、ショウタは校長のやり直しを聞いていたのではなかっただろうか。これまでの五年間にショウタが持っていた「学校」のイメージが変わったのかもしれない。自分がいられるところだとショウタ自身が感じたから、自分の意志で登校してきたのだ。

その日から卒業の日まで無遅刻・無欠席でみんなと一緒に学び合ったショウタと周りの子どもたちの事実は、何物にも代えがたいかけがえのない学びだ。卒業証書を手にして笑顔で「アバヨ！」と去っていった姿を、その時に同じ場で学び合った者たちは忘れることはないだろう。まさに、ショウタという一人の子どもが被っていた障壁（周りの私たち）が解けたのだ。ショウタを見る周りの目や考えが変わったのだ。始業式に登場したショウタも、校長のやり直しを聞いていたショウタも同じショウタなのだから、この全身で感じた衝撃的な体験は何物にも代えがたい学びとしてブレないだろう。周りが豊かに変われば「障害」は「長所」に変わることを教えてくれたショウタだった。

（二）カンタとの出会い

実は二〇〇六年の開校当初にもう一人の六年生がやってきた。

このカンタは一年生の二週間で義務教育を奪われた子どもだ。まさに、今で言う合理的配慮という名のもとに、合理的「排除」された子どもだ。保育園時代に給食が食べられなくて昼夜逆転し、吐き戻しをくり返して苦しんだ。保育士が食べさせたい思いで、暗い部屋にカンタを入れて食べるまで出てこないようにと指導したことがきっかけだ。

カンタは「広汎性発達障害」との診断を受けた。今から二〇数年以上も前のことで、まだ「発達障害」の言葉すら学校現場にはなかった時代だ。小学校に就学するときには校長に特性を伝え、給食指導だけはしないように、母が給食については責任を持つと約束をして入学した。ところが、給食が出た二日目に担任がカンタだけを残して給食指導をした。もちろん熱心にカンタの将来を考えて、偏食をなくしてやろうとの担任の熱意だ。その日の給食にキュウリが出て、そのキュウリだけをお皿にのせてカンタに個別指導をしたのだった。もちろん、やさしくだ。ところがそのキュウリを食べずに帰ったカンタは母親を見るなり、「学校にオバケが出た。母ちゃん、僕は学校に行けないよ」と言ってPTSDを発症し苦しむ日が続いた。母親が学校に思いを伝えれば伝えるほど学校や地域は母親をモンスターに仕上げていったのだ。

カンタが外へ出ると近所の子どもたちに「養護　養護」と追いかけられ、浅瀬にはまってずぶぬれになって家に帰り、「母ちゃんは僕がいじめられるために僕を生んだのか」と言いながら母親を責める日が続いた。母はカンタと死ぬことも考えたと言っていた。そんな泣いている母に気づいたカンタが「母ちゃんどこが痛いの?」と聞き、母が胸を押さえると、バンドエイドを取ってきて服の上から「痛いの痛いの飛んでいけ!」と言った。そんなカンタを見て、母親はこの子と二人でもう一度強く生きていく覚悟をしたと言っていた。

このカンタが、大空小開校時に、六年生として転入してきた。前の学校では、一年生の二週間で義務教育の場を奪われた子どもだった。カンタがどうすれば安心して大空小で学べるだろうということをみんなでいつも考えて行動していた。私はカンタに「オバケ退治が得意やから、オバケなんてやっつけてやる!」と常に言っていたが、不安そうに私の言葉を聞いていた。最初は安心できる場をカンタ自身がつくり、校長室から職員室、事務室とその場を広げていった。

一年生の教室に入っていったカンタは、読み聞かせの授業をとてもうれしそうに「楽しいね!楽しいね!」と言いながら一年生の子どもたちと学び、そこから二年生、三年生とカンタ自身が確かめるように学びの場を広げていった。しかし、私たちが何をすればカンタが安心するかはわからない状況だった。専門的な知識を持っている者が誰もいない中で、ただただカンタと周りの子どもたちをつなぐことしかできない日が続いた。

一学期の中頃に六年生の友だちが三人校長室にやってきて、カンタを遊びに誘った。これまで地域でカンタをいじめていた子どもたちだ。カンタはびっくりして「やった！やった！」と言いながら飛び上がって喜び、「ねえ、ぼくとけっこんしよう！」と言ったのだ。

その瞬間、子どもたちも私も「えっ？」となり、子どもたちは「やっぱりカンタって変やな」と言った。確かに、その当時の日本社会のあたりまえにあてはまらないのがカンタの言葉だった。一人の子が「オレも男やし、カンタも男やのに何でオレらと結婚しようと言うの？」と聞くと「だって好きだから、好きだから」の連発だ。

私は困ってしまい「どうしたらいい？」と子どもたちに聞くと、「カンタのおばちゃんに聞いたらなんかわかるかもしれんな」とある子どもが言った。そこで、母親に理由を教えてもらった。カンタは誰も遊ぶ友達がいなくていつも家でテレビやパソコンを見ていた。テレビとパソコンだけがカンタの周りの環境だったから、好きになった人同士は「結婚しよう」と言うことだけがインプットされているのだと思うと母親は教えてくれた。私はすぐに六年生のみんなの前でこのことを伝えたのだが、それぞれに（自分がカンタやったら…）と想像して聞いていたように感じた。

こんなふうに、カンタとみんなをつなぐ場面がいくつもあった。これまでカンタをいじめていた子どもたちも大人のうわさや地域の雰囲気を感じていじめていたのだが、カンタという一人の友達といつもいっしょにいるだけで、自分とカンタの違いを肌で感じ、カンタとつながっていった。私たち大人も専門家たるものが誰もいない中で、どうしたらカンタが安心できる？　と、このことばかり考えて行動していた気がするが、カンタは徐々にみんなと一緒に過ごす日が増えていき、二学期には一日中教室で過ごすようになった。私たちはうれしくなって、母親に連絡帳で「今日はカンタが一日中六年生のみんなと過ごしました。六年生の子どもたちも受け入れ態勢ばっちりです。こんな日が来てよかったね」と書いた。

ところが、次の日、母親の喜ぶ言葉を知りたくて職員室のみんなで連絡帳を見たのだが、どん底に落とされた思いになってしまったのだ。

先生たちが喜んでいただいているのはとてもありがたいです。でも今の大空小ではいつオバケが出たから行けないと言うかわかりません。不安の方が大きいです。「受け入れる」という言葉はどんな時に使いますか？　もともとある「ふつう」の中に「特別」を受け入れる。「ふつう」が受け入れてくれるから学校に行ける。「ふつう」が受け入れてくれなくなると、また、カンタは学校にオバケが出たと苦しみます。

そう書かれていたのだった。

この時の私は「受け入れる」との言葉が、排除につながることなど考えもしなかったのだ。母親の言葉を知って初めて考え始めたのだった。

この日から職員室の誰もが「ふつう」って何だろう。「特別」って何？　と問い始めた。まさに、やり直しが始まったのだ。それでもわからなくて困り果てた私たちは、母親に来てもらうことにした。母親のような経験をしていない私たちに教えてほしいと母親に頼むと快く来てくれて、母親は職員室の全教職員がいる前で私に、「校長先生、私の手のひらの上に給食のお皿がのっています。お皿の上にゴキブリが2ひきのっていますよ。からだにいいですよ。食べてください」と言ったのだ。ショックを感じた私は「無理！」と言うと、「そうでしょ。食べられないでしょ。校長先生のゴキブリはカンタにとってのキュウリと同じなんですよ」と言われたのだ。そして、これがカンタの特性ですと付け加えられた。

これまでの私たちはカンタを特別な子として見ながら、どんな支援が必要かカンタにどうかかわればいいかを探っていたのかもしれない。どこかにカンタは、「障害」のある子どもだとの思いがぬぐえていなかったことに気づかされた瞬間だった。大事なことは今カンタが何に困っているかを知ることだったが、カンタが困っていることの多くは周りの子どもたちが教えてくれたのだった。

カンタは小学校生活のたった一年間しか大空小で学べなかったが、卒業式を終えて家に帰るなり、絵をかいて学校に届けてくれた。人が手をつないでいる絵だ。その絵の裏には「みんなみんなオレのことをありがとう」と書いてあった。「大空小学校は教職員がみんな笑顔で手をつないでる学校だったよ」と言いながら描いていたそうだ。この絵は今も大空小の校長室で額に入れられて掲げられているはずだ。

カンタ親子を排除していた地域の人たちも変わった。秋の運動会のことだ。カンタにとっては初めての経験なので、本部席の私のそばでスタートすることにした。初めは不安そうな表情だったが、一・二年生の玉入れの競技が始まると「ぼくもやりたい！」と言って本部席から運動場に飛び出していった。いつもいっしょにいる六年生のカンタが自分たちのチームに入ってきた一・二年生は作戦を立てはじめ、玉を集めてきてはカンタに渡した。背の高いカンタが、かごの下で玉を投げ入れている。地域の人たちが見守る中で、カンタのデビューのときがやってきた。

カンタのチームが勝って一・二年生は退場門に向かうが、カンタは一人本部席に走って戻ってきて「ねえ、楽しかった。もう一回やりたいなあ！」と大きな声で私に伝えた。その声は地域の人たちみんなが聞いていた。これまで、学校を困らせる「地域の困る子」だと思われていたカンタだ。私が、「カンタごめん。もう一回できない。これで終わり」と伝えると、カンタは悲しそうな表情で「わかった」と言った。そのカンタに地域の人たちから拍手がおくられた。とてもあたたかい拍手だった。

カンタの母親が私たちに教えてくれたのは、「先生たち、熱心な無理解者にならないでください」だった。これはブレそうな私たちをいつも初心に引き戻してくれる言葉だった。

ショウタとカンタが開校一年目の大空小に来てくれたおかげで、「みんなの学校」づくりが始まった。どれだけ、特別支援教育を「通級」「交流」をと言われても一年目に目の前の子ども同士がつくりあげた「みんなの学校」の事実に勝るものはない。難しい言葉を使わなくても、「困っている子が困らなくなる学校」を大人のみんなでつくるだけだ。いつでもどこでもできるのが「みんなの学校」だ。

卒業生が、「大空小の職員室はいつもさまざまな大人たちが、困っている子のことをどうしたら困らなくなるかと話し合っていた。自分も困ったら職員室にさえくれば何とかなると思っていた。これが一番の安心だった」と語っていた。

四．「指導」より「環境」を

この一年目の子どもの事実が地域に浸透していくと同時に困り感を持った子どもがどんどん転居して大空小に通い始めた。開校二年目の一年生は二八人だったが、その中に「重度の知的・自閉」などの診断を持った子どもが一〇人いた。子どもがどこに走っていくかもわからない状況からのスタートだった。

特別支援学級は二学級で二人の教員が配置されるが、当然足りるわけがない。一〇人が一〇人ともいろんなところに走っていくので、一〇人の大人がいなければならないわけだが、そうはいかないのが学級設置の決まりだ。誰も一年生を担任する自信がない。ベテランの教員たちが「無理」と心底言うのだ。

この職員室のピンチはチャンスに変わった。担任だけでは子どもは育たない。ともすると、担任は自信をなくし、困るだろうが、子どもたちはもっと困ってしまう。その当時、一〇年後はどの学校現場も同様の状況になるのではないか、などと話し合って、これまでの学校のあたりまえを問い直すことにした。新たなものを入れるのではなく、従前の悪しき学校文化をそれぞれに出し合って全教職員で納得し合って捨てることにしたのだ。

その結果、とてもたくさんの「あたりまえ」を捨てることになった。その中身は「担任」「学級」「見せる学校」「マニュアル」「学習規律」「学習参観」「反省」「ジャッジ」「報告・連絡・相談」「会議」「ノルマ」「指示」「号令」「命令」などだ。これらを捨てると学校組織に君臨していた「ヒエラルキー」「前例踏襲」「同調圧力」が消えていった。「新たな発想」で「システムをシンプルに」「チーム力を高める」ことの大事さを、全教職員で常に「問い直し続ける」慣習が生まれてきた。

「担任」や「学級」を捨てると、「あなたの子どもは？」と聞かれた教員たちは「二六〇人です」と即答するようになった。同様に、子どもは「あなたの先生は？」と聞かれると「みんな。全教職員やで」と答え語るようになっていった。毎年の入学式でこのことを一年生の子どもたちと保護者たちにあらゆる方法を駆使して、自身が楽しみながらパフォーマンスを通して伝え続けた。

学校にはいい教員に当たれば「アタリ」、相性の合わない教員に当たれば「ハズレ」といった悪しき組織文化が根付いている。「当たりはずれのない学校をつくろう」、それには子どもを主語に学校づくりを問い直すことが不可欠だった。教職員だけでは一人の子どもの命を守ることもできない、そのことにも気づいていった。

学校という「スーツケース」を「風呂敷」に変えた。教職員それぞれの風呂敷をつなぎあわせてもまだまだ足りない。子どもたちは私たち以上に多様な個性を持っている。そこで、サポーター（保護者）や地域の人の風呂敷をつなぎ合わせ続けた。学校の風呂敷が広がれば広がるほど多様な個性を持った子どもたちの吸う空気が学校中に豊かに充満していった。そんな空気を吸いながら、子どもは子ども同士の関係性の中でつながり育っていく事実が目の前にあった。風呂敷を広げることを止めなければ、「不登校」ゼロは結果としてあたりまえの子どもの事実であることも教えられた。「指導」は一瞬で「暴力」に変わる。「指導」より「環境（空気）」を豊かにつくれば、子どもが子ども同士で主体的に育つ事実が「みんなの学校」にはあった。

五．目的と手段を混同しない

「特別支援学級及び通級による指導の適切な運用について」（二〇二二年四月二七日付文科省通知）は学校現場に混乱を招いている。「障害のある子供と障害のない子供が可能な限り同じ場でともに学ぶことを追求するとともに」「多様で柔軟な仕組みを整備することが重要」だと書かれている一方で、「特別支援学級に在籍している児童生徒については、原則として週の授業時数の半分以上を目安として特別支援学級において児童生徒の一人一人の障害の状態や特性及び心身の発達の段階等に応じた授業を行うこと」と記されている。

特別支援学級での授業を保障されながら「不登校」になり、大空小へ転校してきた多くの子どもたちは「自分はダメな子だ」と、周りの子どもたちとの間に「心の壁」をつくってしまっていた。学びの目的は「その子がその子らしく育つこと」だ。この通知の手段を実行すれば、学びの当事者である子どもの「学びの自由」は「特別支援学級在籍」を理由にますます保障されなくなることは明白だ。「通常の学級で学びたいなら通常学級の在籍にしなさい。ただし、『障害』のある子どもの加配はできないので教員数を減らす」と読み取れる。子どもの事実を知るのも「誰一人取り残さない学校」をつくる責任も校長にある。「学級設置」の規制緩和をはじめ、校長の「裁量」で自校の学びのシステムをつくりあげる教育政策を求めると同時に、学校現場の校長が目的と手段を混同しないための裁量を発揮するときは今だ。

「オレ頭悪いからだめやねん」と子どもに思わせる学校教育から脱却しなければ、ともに学ぶなど理想で終わってしまう。「インクルーシブ教育」も「特別支援教育」

も手段にすぎない。

目的はすべての子どもが「誰一人取り残されることなく」自分らしく学校で学ぶ事実をつくることだ。今回の通知の通りの学びの場を分断した「インクルーシブ教育」の実現があり得ないことだけは「みんなの学校」の九年間に、子どもたちが教えてくれたことである。

六．一〇年後の社会で生きて働く力「自律」をすべての子どもに

学びの目的は「その子がその子らしく育つこと」それ以外にはありえない。「障害」の捉え方そのものがその子の学びを奪ってしまっていないかを問い直す必要がある。「障害」を持つ子どもが困るのは周りの障壁に困るのであって、健常と言われる人たちに近づくために学校での学びがあるのではない。

現行の「特別支援教育」は、残念ながら「障害」をハンデと捉えるあまりに「熱心な無理解者」の大人は増える一方だ。この状況に比例するかのように、子どもの「自死」「不登校」「いじめ」は過去最多を記録している。大空小に大きなリスクを抱えて

転校してきた子どもの事実を知れば知るほど学校教育が「人権侵害」を「指導」「合理的配慮」の名のもとに行使していると思わざるを得ない。どんな知識や手法や研究成果も子どもの事実には及ばないのではないだろうか。目の前の子どもの事実がすべての営みの結果だというこのあたりまえのことに立ち戻り、今、学校や地域で何が起こっているのかを子どもの周りのすべての大人が問い直す時だ。

「インクルーシブ教育」の目的は一〇年後の社会を共に生きるためにすべての子どもに必要な「自律」する力をつけることにあり、そのための「合理的配慮」であるはずだ。人に迷惑をかけないための「自立」から脱却し、「互いが適切に依存し合う」ことの「自律」にチェンジしなければ負の連鎖はどこまでも続き、すべての子どもが幸せにはならないだろう。「互いが適切に依存し合う」自律の力をつけるためにはフルインクルージョンの学びの場が不可欠であることは誰もが承知するところだ。

「インクルーシブ教育」を語る前に「特別支援教育」がどれほどの子ども同士を分断しているかについて、すべての大人が目の前の子どもの事実に学ぶべきだ。「インクルーシブ教育」は「特別支援教育」を充実させ到達するものではない。「ふつう」と言われる教室での学びを問い直さない限り、「インクルーシブ教育」は実現しない。

これまでの学校のあたりまえが通用しない時代になっていることは多くの大人がわかっているはずだ。今こそ、子どもの事実から新たな発想で問い直し、「子どもを育てる学校」から「子どもが育つ学校」へのチェンジが急務だ。「地域の学校」でともに学ぶための仕組みを整えない限り、「インクルーシブ教育」は実現しない。

子どもの周りのすべての大人が、目の前の子どもの事実だけを見ればいいことなのだ。大人を見たり、学校を見たりするから子どもの事実が見られなくなってしまう。

「学校は子どもの命以上に守るべきものはない」という原点に立ち、パブリックの学校におけるこの最上位の目的のために、大人の自分がまずはできることから行動することが子どもの周りの環境を大きく変えることにつながる。この目的さえ見失わなければ結果として「インクルーシブな学びの場」が生まれてくるのではないだろうか。子どもを一人ぼっちにしない大人でい続けたいと願うばかりだ。

「学び研」のみなさんと学ばせていただいたこの一年は、私自身にとってかけがえのない時間であった。気づかなかったことに気づかせていただき、これからの自分の行動に大きな示唆を与えていただいた。「学び研」での学びを子どもたちに返していけるように、これからも学び続けていきたい。

第二章

大阪発・高等学校のインクルーシブ教育

―その原点と持続の意味を考える―

平野　智之

一・仲間と一緒に学びたい――インクルーシブの原点「準高生」

今から四〇年以上前に、インクルーシブという言葉も、むろんそのような政策などありもしない時代に、(であったからこそ) インクルーシブ教育の灯をともしたローカルな実践があった。

その灯は現在もなお燃え続け、「インクルーシブ教育」という言葉の陰影を照射している。その灯がどうやってともされ、幾多の生徒、保護者、地域、教職員たちの手によって絶やさずに燃やされ続け、高等学校や地域を照らしてきたのかを自分の経験に重ねて述べたい。そのことで文科省が進める「分ける」教育を問い直し、インクルーシブ教育のゆたかさをみなさんと考えてみたい。

初めて仕事に就いた時の景色は誰もが覚えていることだろう。筆者の教員としての初任校・大阪府立松原高等学校 (以下「松高」) で初めて担任した教室は次のような風景であった。

松高は紺のブレザーの制服であったが、クラスを見渡した時、一人だけ黒の詰め襟の中学校の制服を着ている生徒がいた。大柄の彼はせわしなくその体を動かしていた。彼の横にいた生徒が私に向かって、「先生、このA君は準高生や。オレはおんなじ中学校やけど、仲間としてAと一緒に松高に来たんや」。

「準高生?」「一緒に来る?」。職員会議で説明された「学籍はないけれどクラスに入って交流する障害のある生徒」と対面した筆者は、「仲間として来たんや」という言葉を頭の中で何度も反芻した。そして、その日の帰りに自分の高校時代のことを思い出していた。

筆者は、一九七六年に松高と同じ私鉄路線にある高校に入学し、二年生の時、生徒会役員を務めていた。ある日、生徒会の部屋に数名の中学生が来て、「高校生のみなさんに署名お願いします」と言うので、「何の署名?」と聞いたら、「普通高校で障害児の仲間と一緒に学びたいのです」と言うので、協力したことがあった。

当時の松原市立松原第三中学校の中学生たちは、障害者が高等学校で学ぶ権利を求める運動を開始していた。障害のある仲間の名前の頭文字をとって「M・N・Sとともに地元高校へ」を合言葉に、障害者が高校入試制度で切り捨てられない進路保障を求めていた。彼らが共に学ぶ場所としてめざしたその普通高校が松高であり、中学生たちは街頭や学校で約二万筆の署名を集めたという。その結果、一九七八年から「準高生」という形で、障害のある生徒の受け入れが始まったのである。

戦後の長い間、就学免除・就学猶予の措置が執られて学校で学ぶ権利を奪われた障害者も多かった。七〇年代半ばに、就学猶予から校区内の中学校への通学が認められ、ようやく地域の仲間と学ぶことができる障害児が大阪の松原市にもいた。義務制の学校で学習や行事に参加するようになる。しかし、中学校生活を終えると、彼らはまた自宅で過ごすことを余儀なくされる。中学校でみんなと過ごし、活動をともにした経験から、当たり前のように「もっとみんなといたい」欲求が生まれる。その気持ちを受けとめた仲間も、同様に「MやNと一緒にいたい」と考えるようになった。地元高校育成運動の中で「一本の大根として」という合言葉を持ち、[1]「格差を許さず、ともに生きる」思いのある生徒たちは、「就学猶予からやっと中学校に戻れたのに、高校でまた仲間から切り離されるのはおかしい」と考え、署名活動を始めた。筆者は当時生徒会活動をしていた一高校生として、偶然その願いを聞く経験をしていたのだ。

「準高生」が始まった翌年の一九七九年は全国的には養護学校義務化の年であり、分離した形の就学が決められている。一方、世界的には、北欧でのノーマライゼーションの理念の高まり、アメリカの自立生活運動から障害当事者の地域社会での統合が推進されていた。日本でも各地で普通学校への就学保障運動が起きたが、政策としては分離を基本とした流れ（分離すれど平等）が強く、普通学校の就学保障をめぐって対立や訴訟になったケースが多かった[2]。

このような全国的な運動の影響も受けつつ、解放（同和）教育運動として就学保障が展開された松原では、七八年に高等学校での「準高生」という一つの形を見る。ホームルームや学校行事に始まり、授業やほとんどの学校生活を共に送る方法が年を経ながら追求されていく。「準高生」の取り組みは、二〇年以上、生徒、保護者や教職員、地元中学校や地域の「努力」で継続した。この「努力」とはその開始と同じ様な運動を継続することでもあった。

「準高生」が始まって六年後に松高に赴任した筆者の教員生活は、「仲間として一緒に来たんや」という言葉とともに始まり、最後には松高の校長を務めることになる。その経験から、取り組みの継続の努力をそれぞれの立場に分けて振り返ってみたい。

二.「準高生」の取り組みはなぜ続いたか

まず「準高生」の出身中学校の実践は、「準高生」が成り立つ前提であった。中学校で「〇〇と一緒に松高へ」という取り組みは、仲間づくりと進路学習を通じて毎年組織され、「共に生きる」思いを持つ生徒たちは中学校で育まれてきた。では、その生徒たちの入学後の活動はどのようなものであったか。

前述したように筆者は松原高校開校十一年目、「準高生」開始から六年後の一九八四年に赴任したが、クラスに「準高生」のAがいた。四月、Aは週二回のロングホームルームの日しか登校できず、しかも中学校の制服を着ている。つまり、あくまでAは松原高校生ではなく、(制度的にはずっと高校生ではないが)部分的に「交流」の日が認められるという形式で高校生活が始まるのである。「準高生」をめぐってよく言われたことが、「入試で友だちが不合格になった生徒が、合格もしていないAがクラスや授業に参加することをどう思うか」である。Aが教室にいることを納得できるように、「Aとともに松高に来たいと思った生徒」が「そんなことを知らずに来た生徒」へ働きかけることが求められる。

「Aとともに松高に来たいと思った生徒たち」は、「全日登校」と「制服着用」を要求して、クラス討論や署名活動を行い、学校との交渉を行っていく。その母体となったのが入学前に運動した生徒を中心に作られた「仲間の会」という自主的なグループであった。「仲間の会」の活動は、「準高生」の校内での学習権拡大に向けて周囲の理解を広げる運動の主役であった。

教員の努力も、そうした活動の指導を通じて仲間づくりに向けられた。集団育成という会議が毎週開かれて「準高生」と周囲の生徒たちへの丁寧な指導方法が議論され、「仲間の会」活動は学校や学年の方針に位置づいていた（現在もそうである）。また、制度上は非公式である「準高生」の教育条件の整備も教員の努力によっていた。赴任した当初、私の「準高生」の担当時間はいわゆる授業の持ち時間に含まれなかったが、教職員組合も含めた条件整備の要求は続き、教育行政からもそれに応える様々な形の条件面の前進があった。

保護者の努力とは、自分の子どもを「入学」させることそのものであるだろう。学籍や卒業証書がないことを承知の上で松高を志望することは、温度差はあれ、運動の視点への理解が求められる。「全日登校」実現までは家庭で子どもを見ることなど、保護者は常に学校との連携、協力が求められた。私が担任した「準高生」の保護者は、学校の活動に協力しながら周囲の仲間との関係を何より大切にされていたように思う。Ａの家へ仲間の生徒たちと立ち寄ることがよくあったが、その仲間一人ひとりと会話をされていた保護者の笑顔が忘れられない。保護者にとって松高の「準高生」を選ぶことは、我が子が地域の仲間とともに生きるという選択であり、子どもが高校の年齢になっても仲間との時間や関係を持ち続けられることを大切にしておられたのだと思う。

地域では、運動を始めた松高五期生が卒業後に地域のアパートの一室を借りて作った生活の場をもとに、八四年には「障害者と共に生きる松原バオバブの家」という共同作業所が作られた。松高「卒業」後の生活の構想がデザインされ、実行されていったのである。現在は、社会福祉法人化されて地域の多くの障害者の自立生活を支えている。

これまで見てきたような準高生の継続の「努力」は、当事者生徒、周囲の生徒、保護者、中学校、高校、地域がそれぞれの立場から関わった「運動」と呼べるだろう。その「運動」は時期や視点によって様々な形容ができる。被差別の子どもたちの教育権保障をめざした解放教育の運動、地元高校育成運動、ノーマライゼーションを背景とした普通学校での障害者の就学保障の運動とその延長上の地域での生活自立の運動等である。こうした運動が交差したところに生まれたのが「準高生」である。

次に、こうした運動的側面を踏まえながら、受け入れた松高教員としての立場から、なぜ生徒たちは「準高生」を受け入れたのか、つまり、「ともに生きる」ことがどのように高校現場で進んだのかを生徒たちの姿を思い出しつつ述べてみたい。

三．一人ひとりが大切にされる学校

松高には、縦割りのブロックに分かれて競争する学校最大の行事である体育祭がある。その準備をスタートさせる日を結団式と呼び、選挙を経て選ばれた各ブロックの主将や団長が緊張の中、優勝に向けた決意を強くアピールする。その主将らに交じって壇上に障害のある生徒たちがいる。「準高生」（制度後は自立支援コース）の仲間や、車椅子を使用して生活する生徒が自らの意欲を伝えようと壇上に上がるのである。これは体育祭が障害のある仲間も同等に参加できる行事であること、そのための理解や協力が当然求められることを全校に伝えるためである。主将らによる「準高生」らの紹介のあと、本人たちの「ガンバリマス」の一言に全校生徒から拍手が送られる。四〇年以上にわたって見られてきた風景である。

障害のある仲間を受け入れるこのような学校の空気を作ってきたのは生徒たちであり、「仲間の会」である。前述したように、Aが教室にいることを納得できるように、「Aとともに松高に来たいと思った生徒」が「そんなことを知らずに来た生徒」に働きかけたことが形を変えて続いていた中で、この体育祭の結団式の場面は象徴的なものがあった。主将らによる「準高生」たちの紹介という部分についてもう少し考えてみたい。

八〇年代から九〇年代にかけて、松高は「面倒見の良い」学校として地域の評価を定着させていくのだが、その過程では偏差値的に低く位置付けられた時期もあり「松高にしか来ることができなかった」という意識で入学する生徒が多くいた。その中には学校生活や学習で課題を抱えている者もおり、入学前からの「教師（学校）不信」もあって、松高に「準高生」がいることや人権学習について反発する生徒もいた。

そんな彼らが活躍したいと思う舞台が三年生の体育祭であった。彼らが希望する体育祭のブロック主将や団長は、クラスでの選挙によって選ばれる。松高で団長や主将に選ばれるには、一般的な指導力や元気さだけでなく、障害のある仲間を含めみんなが参加できる指導力が求められる。そのことを理解し、選挙の立候補の際に決意を述べた結果選ばれた主将が、全校生徒に向かって次のように語ったことで、「準高生」に対する大きな拍手につながった。

「ここにいる仲間をみんなで応援したって下さい。みんなの力で、この団で優勝しましょう！」

生活指導や学習面で課題のあった彼らが自分に自信を持つようになり、いわゆる「やんちゃ」な生徒がその「優しさ」を発揮し出すには、教職員集団の「面倒見の良さ」があった。ある生徒は丁寧な生活指導によって、ある生徒は度重なる補習や学習指導によって進級を果たしていく。高等学校には留年や中退があるが、「一人の落ちこぼれも許さない」を校是とした松高では、教職員が集団として彼らに関わった。そこには、制度上「高校生」ではない「準高生」を受け入れる学校として、「制度上の高校生」一人ひとりを大切にする意識があったと言えるだろう。

こうして「やんちゃ」だった生徒は、松高教育の根っこにある「準高生」がなぜ学んでいるかを感覚的に理解し、「応援したって下さい」と語るのである。この姿は「ともに学ぶ」象徴的な光景として筆者の記憶に刻まれており、壇上の主将たちを応援したくなる気持ちとともに今なお思い出される。

このような行事とともに、一年生のホームルームで「準高生」の歴史を生徒が実行委員になって学び合う取り組みも定着し、八〇年代の後半には、「準高生」という「制度」も安定していった。ある時期から「準高生」は松高の制服を着て入学式に出席し、初日から毎日授業に参加し、すべての行事に参加することが「当然」となっていく。高校入試に合格していない「生徒」が制服を着て入学式に出るというのは「当然」のことではないはずである。しかし、それを体育祭の風景のように、生徒たちは「当然」のこととして受けとめるようになり、この実践は持続してきたのである。

そして、この実践（運動）は制度化という一つの区切りを迎えることになる。次節ではその内容と経緯について述べていく。

四．全国初の「知的障がい生徒自立支援コース」へ

松高に「準高生」が通うようになってから三〇年近く経った二〇〇六年、大阪府内で「知的障がい生徒自立支援コース」（以下、自立支援コース）が高校九校に設置される。また、松高は、その途上の一九九六年に大阪府内で初めての総合学科高校へ改編されるという、学校そのものの大きな転換にも挑んだのだが、それらを含めて「準高生」から自立支援コースへの経過を表1にまとめた。

表1　大阪府立松原高校と「ともに学ぶ」教育の経過

年　度	松原高校と大阪府の「ともに学ぶ」教育のできごと
一九七四（昭和四十九）年	地元高校育成運動（市民約四万筆の署名）により松原高校（普通科）開校
一九七八（昭和五十三）年	地元中学校による署名活動（約二万筆）による「準高生」の開始～二十二年間生徒、教職員、地域の努力で継続
一九九六（平成八）年	松原高校 大阪府で初めての総合学科への改編
二〇〇一（平成十三）年	大阪府において普通高校で知的障害者が学ぶ「調査研究」開始
二〇〇五（平成十七）年	大阪府学校教育審議会「高等学校における知的障がいのある生徒の受入れ方策について」答申
二〇〇六（平成十八）年	大阪府「知的障がい生徒自立支援コース」「共生推進教室」開始

二〇〇六年に、自立支援コースが高校九校に、同時に高等支援学校を本校とする「共生推進教室」が一校に設置されて知的障害のある生徒が高校で学ぶ制度が始まり、二〇二二年現在、大阪府内に十九校作られている。[3]

〇六年は障害者権利条約採択年であり、世界的なインクルーシブの流れも影響したと思われるが、全国初の高等学校での知的障害生徒が学ぶコースの制度化には、これまで述べてきたような「準高生」の取り組みという前史がある。地域挙げての「準高生」の実践は松高の他に、府立柴島高校でも続いていた。その成果もあって、五年間の「調査研究」を経て、〇五年に大阪府学校教育審議会が答申を出し、翌年度から自立支援コースがスタートしたのである。

そのコンセプトは「高等学校におけるともに学び、ともに育つ教育の推進」であり、生徒や保護者、地域の「ともに生きる」願いが、ここに正式に形となった。設置から一〇年が経過し、府立高校の自立支援コース卒業生は三百人を超え、満足度は毎年九〇%に達している。大阪教育庁から「10年間の成果をふまえて」という詳しい報告書が出されているので参考にしてほしい。[4]

自立支援コースでは、学年に三〜四人の知的障害のある生徒が他の生徒と同じクラスに在籍し、授業や学校行事を共に行う。日に一〜二時間の個別授業はあるが、多くは所属クラスでサポートを受けながら同じ授業を受け、部活動やボランティアにも参加している。

実際の時間割を見てみよう。表2は松高（総合学科）の三年生の生徒の選択例（時間割）である。薄灰色が必修科目、濃灰色が選択科目であり、この生徒は福祉や看護系科目を中心に選択している。

表3は自立支援コース生徒の時間割例である。支援コースの生徒の場合、四通りの授業の形態があることが分かる。薄灰色の必修科目、濃灰色の選択科目は一般生徒と同じで、網かけ部分が自立支援生の個別やグループでの授業である。必修授業、選択授業においては、担当の教員以外に学習サポーターがつく場合もある。

必履修科目や履修条件・修得条件は基本的に同じであるが、すべての科目で支援生徒の授業内容が検討され、成績評価は個人内絶対評価によって行われる。クラスでの授業を中心にしつつ、選択授業の中で、「学校設定科目」として障害のある生徒向けの科目を設定し、個別指導の授業とのバランスがとられている。障害のある生徒の授業担当者・サポート担当者の受け持ちについては、学校全体で取り組むように各教科の会議で割り当て、検討できることが意識されている。

	月	火	水	木	金
1	現代文	現代文	和服を知る	介護実習	日本史A
2	日本史A	体育	和服を知る	介護実習	現代文
3	看護講座Ⅱ	英文読解	LHR	家庭総合	英文読解
4	看護講座Ⅱ	英語文法講座	総合	体育	英文読解
5	介護講座	ケースワーク講座	カウンセリング実習	課題研究	国語演習C
6	介護講座	ケースワーク講座	カウンセリング実習	課題研究	国語演習C

表2　松高三年生生徒の時間割例

	月	火	水	木	金
1	P国語	現代文	P数学	課題研究（個別）	日本史
2	日本史	体育	基礎社会	P国語	現代文
3	美術	音楽Ⅲ	LHR	家庭総合	園芸デザイン
4	美術	音楽Ⅲ	総合	体育	園芸デザイン
5	基礎社会	グループワーク	漢字検定	課題研究	就労実習
6	P数学	グループワーク	漢字検定	課題研究	就労実習

表3　松高三年生自立支援コース生徒の時間割例

この時間割から考えられることは、総合学科の多様な選択授業の講座群は、自立支援生にとっても、他の生徒にとっても、そのニーズに応じた学習形態や内容の保障につながっているということである。

その上で次に、学校全体の改革であった総合学科への改編と「ともに学ぶ」学校づくりの関係について述べていきたい。

五．総合学科への改編と「ともに学ぶ」学校づくり

「準高生」に象徴されるすべての生徒の教育権の保障が重視される学校づくりを通じて、松高は地域から「面倒見のよい学校」という評価を受けるようになる。創立二〇周年を機に自由選択科目を創設して、保育所や福祉施設との連携や国際交流の活動も開始され、カリキュラム改革を行い、当時の文部省の教育政策を受けて一九九六年に総合学科高校に改編された。

「生きる力」を謳った〇二年小中学校、〇三年高校の学習指導要領改訂に先立って、九〇年代から「生活科」など体験や関心を重視する新学力観が取り入れられ、高校で

は普通科と専門学科の融合、選択履修による学ぶ意欲の向上をめざした施策として九四年から総合学科高校が創設されていた。

大阪府で初めてとなる九六年の総合学科改編当時の松高の学校コンセプトには、「自己決定」「人間関係（信頼）の尊重」「体験的学習」の三つが挙げられた。総合学科高校の利点として、選択授業がカリキュラムの約半分を占めるという学習者主体の選択、つまり、自己決定性を尊重する方法が、現場にとっては積極的なものに映っていたのである。しかし、その後数年もしないうちに、社会的な「ゆとり」批判とともに、学術的にもその方法に疑問が呈される。

「ゆとり」や「生きる力」批判の代表的論点は、一連の改革が新自由主義の市場原理に基づくものであるにもかかわらず、改革を志向する現場がそれを受け入れ、批判的対応をしなかったために階層格差が増大することになったという内容である。自己決定性の尊重は教育での市場原理の肯定を招き、結果として社会的弱者にとって不利な選択を迫るものであったというのである(5)。この議論について深く考察する余裕はなく別の機会としたいが、この文脈は、現在の「個別化」「個別最適化」への批判につながる部分もある。

しかし、「選択」「個別化」を進めるカリキュラムを、格差を広げたという点で批判するだけで事足りるのだろうか。それはお互いの関係性を育む「ともに学ぶ」こととも逆行したのだろうか。この点について、現場の経験から考えてみたい。

結論的なことを先に述べると、個々の希望に応じ一人ひとりの自己実現を目標とする学びのシステムへの変更は、松高では違いを認め合うことを一層深めることになった。授業（学習）の違いを認める＝個性を認める＝障害者やマイノリティの存在を認めるというようにつながったからである。

総合学科は、約半数の選択授業と多様な取り組みによって生徒それぞれの個性や良さを発見するシステムである。三年生にもなれば同じ時間割の友達を探すのは容易ではないくらい生徒によって選ぶ授業は一人ひとり異なる。松高でも、国際理解や地域福祉、情報表現などの五系列のもと、「中国語」「ハングル」などの語学や「コミュニティ基礎」「子どもと絵本」「カウンセリング講座」など一六〇もの選択授業から、生徒は自分で時間割を作ることになる。

障害のある生徒にとってその特性に応じて選択科目が履修できるという理屈は、他の生徒が希望や将来に応じて科目選択するという理屈と同じである。前述したように選択授業の中で、「学校設定科目」という形で障害のある生徒に向けた科目設定が可能となった。つまり、障害のある生徒も他の生徒も同じシステムの中で学習活動が行われることになったのである。

他の生徒たちにとって、それまでの普通科時代は学習が標準化され、前述した体育祭などの行事や部活動の中でしか個性を発揮する場がなかったが、総合学科ではそれぞれの授業や進路において個性が発揮される環境が用意されたと言える。また、普通科時代は学校全体として、人権学習や準高生の取り組みなどマイノリティの活動においてだけ「個性」が尊重されるように見える部分があったが、その点も変化した。

例えば、開校から約二〇年の間は、学校目標であった「差別を許さない学校」を実現するために人権の課題がある生徒が自らの立場などを語る場面、例えば、親の生い立ちを例に挙げながら、差別を許さないという宣言を行うことが勧められた。こうした生徒の発言によって学校づくりがリードされてきたが、一部の生徒が「語り」、大部分の生徒が「聞く」という関係性に基づく人権学習は、時代の推移のなかで当事者の意識の変化などによる限界もあり、すべての生徒が当事者として人権課題に関わる方法が求められていた。

そこで、総合学科改編を機に参加型の手法を取り入れ、すべての生徒が、学習に主体的に参加できるスタイルが考案された。人権学習のテーマを生徒自身が選択して、生徒が生徒に教え合うプログラム（ピア・エデュケーション）のスタイルを考案し、当事者生徒も、それ以外の生徒も主体的に参加し理解できる方法を促進したのである。

結果として、この新しい人権学習に意欲的に参加する生徒が増え、改めて松高の人権教育が息を吹き返す形になるのだが、その理由は、その方法論とともに総合学科というシステムが持つ長所を生かせたからに他ならない。それぞれの選択が認められるように、それぞれの個性が認められる。生徒は違っていて当たり前であり、自分と違う他者の選択や生きかた、目的、というものをお互いに評価しあうようになる。

ここでは四年制大学進学者が偉くて、就職希望者は劣っているという雰囲気は全く存在しない。物差しがひとつの時に生ずる序列や等質の「全体」があって、それに適合しない「少数者」を排除するという構造が弱くなった。松高が総合学科に変わったこと自体が、人権学習の土壌を豊かにしたと言える。(6)

このように、一定の個別化（選択重視）とそのシステムを個性や人権重視につながる要素として意識するという学校文化の中に、自立支援コースも位置づいた。総合学科のシステムとして個性を認め合うことは、当然、障害者やマイノリティの存在を認めることに接続し、「準高生」を立ち上げた思いや人権を大切にする学校づくりの継承と深まりを見ることができた。

六．インクルーシブな学校へ—発達障害の生徒とともに学ぶ

二〇〇三年、文科省は「今後の特別支援教育の在り方について」で、通常の学級に発達障害がある子どもたちが在籍する状況を考えて、「これらの児童生徒一人一人の教育的ニーズを把握し、適切な対応を図る」ことを促した。大阪府内の高校でも支援や配慮を必要とする生徒が多く在籍するようになり、その支援をめぐって実践や研究が行われてきた[7]。松高でもこの間、発達障害のある生徒が一般入試を経て入学してきている。本論の最後に、その一人のBをめぐる実践を述べ、「教育的ニーズを把握し、適切な対応を図る」とする文科省の言葉を問い直しながら、インクルーシブ教育を先取りした「ともに学ぶ」教育の現在的な意味について考えていきたい。

Bは、授業中の他の生徒の私語などに敏感に反応して声をあげて注意をする一方、自分の生理現象（鼻をかむなど）は自分のペースで平気で行う。こうした日常の中で、彼に関係のない周囲の笑い声を「自分が嘲笑されている」と勘違いすることもあり、周囲との揉め事が頻繁に起こった。担任は丁寧に、Bと保護者への聞き取りを続け、これが小中学校での障害を理由としたいじめの経験によるものであること、しかし、こうした自分の経験や特性について、Bは障害との関連で考えてはいないことが分かった。そこで、担任はBに対しても、クラス全体へも発達障害の理解を進めるために教材を作り、ホームルームを実施した。次の言葉はそのホームルームでBが語ったものである。

支援生じゃないけれど僕のことを知ってほしい。僕は人が怒られているところを見ると笑ってしまいます。その人をばかにする気持ちはないけど笑ってしまいます。いやなことがあっても笑った顔になってしまうことに高校に入学してから気づきました。笑ったような顔になって、相手を怒らせてしまうことも

ありました。（中略）中学校までは僕が怖い思いをするのは「周りの人が全部悪いんだ」と思っていました。だけど、松高で二年生になって、クラスメイトに暴言を言ったり椅子を投げて指導をうけました。自分にもできていないことアカン部分があることに気づきました。気持ちを言葉にうまくできないのはすごく苦しいです。もっとみんなに自分の気持ちを言えるようになりたいです。

この発言をきっかけにBは自分自身を見つめることを始める。総合学科では三年次に「課題研究」という一年かけて自分の選んだテーマを探究する場があるが、Bは「私はなぜ今までからかわれてきたか」というテーマで自分を捉え直していった。一年間をかけて書いた課題研究の論文（六千字）は次のような文で始まっている。

僕が疑問に思っているのは「なぜぼくはからかわれているか」と「気持ちをどう伝えれば良いか」ということである。今ぼくが乗り越えるべき課題は「どうすればぼくはからかわれずに済んで楽しく暮らせるか」ということである。

Bは「課題研究」の課題として発達障害に関係する文献を読み、夏休みには大人の発達障害のピアサポートのグループに参加し、自分の行動をできるだけ客観的に捉えようと努めた。文献を読んだ後のレポートには、「からかわれること」に対しての自分の行動について記述している。

他人からいじめを受け私の心は傷つきカッとなることがある。暴言を吐いてしまい相手を傷つけることがある。もう一つは私も聞き手の状況も分からずに、自分の興味のある話を長々として、他人に注意されたことがある。これは発達障がいの一つの特性と言えることである。印象に残っているのは、発達障がいの人は周りのサポートがあれば日常生活を送ることができるということだった。

このように、入学以前から自分には障害はないと思ってきたBは、「なぜからかわれてきたか」という問いに、発達障害としての特性を挙げるようになった。むろんその特性によって「からかわれること」は相手の差別性、暴力性によるものであるが、それに対して自分の「暴力」でしか対応してこられなかった苦しみに向き合うようになる。中学校までは一方的な暴力を受ける場面があったが、高校では他者の暴力的でない行為を「暴力」と受けとめてしまい、「反応としての暴力」が作用してしまった。こうした自分を見つめ、自分がどうあるべきかを問い続けたのだ。その作業は「課題研究」という探究的な学習の場で行われたのだが、それは二年以上にわたり、多くの他者との関わりの場と経験があったからこそできたことなのである。

話はまた体育祭になる。前述した通り、松高体育祭は学校生活の華やかな舞台であり、特に三年生にとってはブロックの色別にデザインされた手作りの衣装でダンスを踊る応援合戦が、そのクライマックスである。その衣装は係の指示（型紙）でそれぞれ自分で製作するのだが、Bは自分の思い込みから製作方法を間違えてしまい、その衣装を準備できなかった。それが判明したのは、当日の朝であった。クラスの生徒たちは自分の出番の空き時間に「リレー」でBの衣装を縫って完成させ、午後の応援合戦にはBも一緒に踊ることができた。この経験についてBは高校最後の国語の授業で、自分で詩を作り前に立って読み上げ、クラスメイトの温かい拍手を受ける。

もうすぐ卒業である。もうすぐ大人である。3組のみんなありがとう。体育祭の衣装縫ってくれてありがとう。ダンス教えてくれてありがとう。

この授業は筆者が担当していた授業であり、奇しくも現場の教員として最後の授業であった。「Bすごいな」という周りの生徒の言葉に対して筆者は次のように語った。「この詩をBが書いたとは思っていない。Bにこの詩を書かせたのは誰だろう？　それは、3組のみんなやと思う」。

Bがこの詩を通じてクラスへ表した言葉は、「どうすればぼくはからかわれずに済んで楽しく暮らせるか」の答えであった。ある時は助けを求め、足らない所を補いあって生きていくことであった。そこにはBのために衣装を縫って一緒に踊ろうとする仲間がいたのだ。約二万筆の署名から始まり、松高のDNAとして受け継がれてきた「ともに生きる」という関係性の中で、総合学科を通じて構築された「課題研究」の「個別性」「主体性」は生かされ、尊重されていったのである。

本章では、文科省が進める「分ける」教育を問い直し、「分けない」教育のゆたかさをどう語るかについて、「インクルーシブ」教育を先取りしてきた大阪の高等学校での実践を紹介し、その意義を述べてきた。

「分ける」ことがその子どもの「成長」や「尊重」につながるのではない。そして、その「ゆたかさ」は、また単に「分けない」ことそれ自体で生まれるものでもない。個々の存在や選択が尊重されその主体性が活きるのは、そこにいるすべての子どもたちが、ともに生き、対話や協働を通じて関係性を構築する場が常にあるからである。

現場でもし「分ける」教育が進んでいる場合は次のように問い直してほしい。個別支援や通級教室を経た生徒がふだんの学びの場でいかに自分らしく生きていけるか、一人ひとりの個性（他者性）を受け入れる場になっているかどうかである。「自立」の名のもとの個別適応のみにとらわれるのではなく、人と人、社会のあり方を問い直す関係を作ることがインクルーシブ教育である。個人の能力、できたかできないかよりも、自己と他者を受け入れる中で、助けを求められる、足らなさを補って学び合える関係性を紡いでいくべきだと考える。

松高で筆者が接した「仲間の会」の生徒の言葉を改めて思い出す。

「私の高校は、障害のある仲間を支えているように見えて、支えられ、みんなが段々と強くなっていく場所でした」。

障害のある子どもだけでなく、子どもの貧困や格差の現実は、子どもや若者を社会から排除しかねない状況にある。「みんなが段々と強くなる」は、そうした排除に抗する言葉でもあり、インクルーシブ教育の中身を問う当事者からのメッセージでもある。

【註】

1　高校進学の際に「一流校、二流校、三流校」と大根を切るように輪切りにされてしまう進路ではなく、仲間が目的を持って地域の学校を選択する進路指導の喩え。人権教育の副読本『にんげん』による。

2　一九七〇年、「教育を考える会」の結成により知的障害児の保護者の統合教育要求運動が始まり、七一年には血友病患者の大西赤人さんの高校教育保障の運動、七五年には全盲の浅井一美さんの校区の学校への就学要求があった。

3　大阪府ホームページでダウンロードできるリーフレット参照（https://www.pref.osaka.lg.jp/shienkyoiku/jiritsu-kyousei/tomonimanabi.html）

4　知的障がい生徒自立支援コース・共生推進教室の取組みの充実に向けて～10年間の成果をふまえて～ https://www.pref.osaka.lg.jp/attach/43267/00000000/gaiyou.pdf

5　大内裕和は、八〇年代に端を発する「ゆとり」を新自由主義的改革の第一段階、「学力向上」や学力テストはその第二段階であったと説明している。「ゆとり」から「確かな学力」への「転換」は新自由主義の推進の脈絡での看板の書き換えであり、個性重視によって階層化を容認して、次にハイタレント養成「学力重視」としての習熟度や学校選択制が用意されていたという（大内裕和「教育・国家・格差」（斎藤貴男との対談）『現代思想』二〇〇七年四月号、四〇－六六頁、青土社）。

6　広田照幸は、九〇年代に、マイノリティの子どもたちが学校で所属文化を受容される多文化教育、つまり「弱者に優しい」教育が進むが、差異と自由を認める新自由主義は一方で〈格差の肯定〉ともなりうるし、マイノリティの解放を進める原理と地続きであると指摘している（広田照幸『思考のフロンティア　教育』岩波書店、二〇〇四年）。

7　大阪府立高校在籍で障害により修学上の配慮を要する生徒の数は、二〇二〇年度には三一七四人であった。

第三章

〈生きのびるため〉の包摂から、〈生きのびるを「時々」超える〉インクルーシブな学びへ

倉石　一郎

はじめに

ふと思いたって、〈生きのびる（延びる）ための〉という言葉を標題にもつ書籍を検索してみた。すると、出てくるわ出てくるわ、上野千鶴子『生き延（の）びるための思想』に始まり、『生きのびるためのデザイン』『生きのびるための科学』『生きのびるための建築』『生きのびるための「失敗」入門』『生き延びるための地震学入門』と枚挙に暇がない。混迷を深めますます生きがたさがつのる現代社会において、「生きのびる」は呪いを解く極めつきの「呪文」として、多くの論者から重宝されていることがうかがえる。この状況は、教育学や教育実践の世界にもおそらく反映されている。近年の教育と福祉の相互接近を念頭において、〈生存〉というキーワードで公教育の意義を基礎づけ直そうとする議論である。[1]

だが敢えて本稿で提起するのは、〈生きのびる〉は果たして現代社会の混迷や困難を、とりわけ教育や学びの領域を覆っている呪いを解く「呪文」たりえているだろうか、という問いである。さらに言えば、呪文は呪文でも呪いをかける「呪文」にそれが転化し、状況の悪化に輪をかけてしまう危うさが、そこにありはしないだろうか。

この問いを受け本稿では、まず、〈生きのびるための○○〉の危うさに光をあてる手がかりとして、筆者がこれまで行ってきた主に教育の文脈での「包摂」概念への批判とその中で提起した「二つの包摂」論を参照する（一節）。次に、包摂＝インクルージョンにまつわる思考を矯め直すべく、よりシンプルな「分けない」という言葉に立ち返り、包摂イコール分けないことという議論の妥当性を検討し、「分ける／分けない」という二項対立の陥穽に注意を促したい（二節（一））。さらに、ただ「分けない」だけではない何かを探求した大空小学校の記録『みんなの学校』を踏まえ、あえてそこに記録されなかったことに思考をめぐらせたい（二節（二））。その上で三節では、〈生きのびるを（時々／時に／たまに）超える〉インクルーシブな学びという概念を提起して、その可能性を考えていく。まず（一）で、この概念発案の有力なスプリングボードとなったハンナ・アーレントの思想に立ち返り、その有用性の確認と若干の留保を行う。次に（二）で、時々／時に／たまにという条件づけの意味、逆に言うと〈生きのびる〉系の思想や実践にもなお無視しえない重要性が潜んでいる点を論じる。それらを踏まえて（三）では、教育が〈生きのびる〉を超える瞬間について、消極面と積極面に分けて論じる。四節では同じ問題を責任というキーワードをもとに考える。

最後に本稿全体のまとめをはかる。

一・「二つの包摂」論 ― 〈生きのびる〉との連関を念頭に

ここでは、本稿の議論を進める上で欠かせないステップであるという理由から、かつて拙著[2]において展開した「二つの包摂」論の概要を説明する。

今日、教育における「包摂」的アプローチが論じられる機会が多いが、その際、ベクトルが相反する二つの実践形態がともに「包摂」の名のもとに論じられている点が気にかかっている。第一の意味での「包摂」は、既存の公教育システムが画一的で硬直したサービスしか提供できないがゆえに対応困難な多様なニーズがあるという現状認識のもと、それら一つひとつにできるだけ丁寧に応えようとする実践の総体を指す。たとえば障害をもつ子どものニーズを「発見」し、きめ細かい対応をとろうとする現在の特別支援教育は、その代表格であろう。今日、多くの論者が漠然と「包摂」という語が意味すると考えているのは大抵この意味である。それに対して第二の意味での「包摂」は、個々の生の改善や向上よりも社会的連帯や公共性に重きを置き、教育の直接的利害の当事者を超えた外部（超越的なもの）に価値判断の根拠をおくものである。こちらの「包摂」については抽象度が高いためイメージを持ちにくいが、この概念の内実を充実させていくことが現代においては重要である。

この二つはあくまで理念型であり、現実と対応関係を明瞭に描き出すことにはしばしば困難がつきまとう。たとえば、子どもや保護者に最終的に届けられるサービスという現象面のみに注目すれば結果的に同じであっても、その発想のおおもとをたどればこの二つの相反する「包摂」のどちらかに行き着く場合がある。同じ学校あるいは同じ実践者のとるアプローチに、この二つが混在している場合もあるだろう。

ここで「二つの包摂」概念の理解をより促進することをねらいとして、学校現場で求められる新たな「支援」の象徴的存在であるスクールソーシャルワークを例に考えてみたい。二〇〇八年のスクールソーシャルワーカー（以下 ＳＳＷ）活用事業開始後徐々に、そして第二次安倍政権発足以降は加速化する形で、日本でＳＳＷ熱が高まっている。その影響は筆者自身にまで及んだ。高知県の福祉教員の歴史を発掘し、二〇〇九年に刊行した旧版『包摂と排除の教育学』が一部の福祉研究者の目にとまり、福祉教員を日本のＳＳＷの萌芽・起源と位置づける議論が散見されるようになったのだ。その際に参照された像は、長欠状態の子どもたちの生活の必要を充たすために駆けずり回る、ある意味で「分かりやすい」福祉教員像であった。もしそうだとすれば、そこで想定される支援は、個々の生命の維持・再生産に徹し、個々の生の改善・向上の累積をはかる以上の社会性を持たないものと言わねばならない。

そしてSSWへの期待が高まっている現在の状況の背後には、貧困や格差という危機の高まりに対し、富の再分配を行うことなく、個々の生の改善や向上の累積によって対処しようとする〈政治〉の存在がある。生命の維持・再生産だけを目的に行使される政治権力は、行政と一体化し、無謬の権力と化して誰もそれを批判できない。その中で公共性はますます浸食されていく。いわば、個別ニーズへの対応という概念を媒介として、新自由主義イデオロギーと「包摂」とが共鳴、共振し合うという状況である。過剰なまでに強調される〈生きのびるための〇〇〉の跋扈は、社会性・公共性がやせ細る中で個別の生の維持だけが前景化する昨今の「支援」をとりまく文脈から理解できるだろう。

こうした状況に批判的に介入するには、第一の意味での「包摂」を批判し、「包摂」のなかに公共性の契機を回復させる必要がある。換言すれば、社会的連帯や集合的レベルの生の向上に重きを置き、教育の直接的利害の当事者を超えた外部（超越的なもの）に価値判断の根拠をおく、公共性へのアプローチを復権させねばならない。

二．「包摂」概念を矯め直すために――「包摂＝分けない」論でいいのか

（一）「分ける／分けない」論の陥穽

これまで筆者は長いこと、「分ける教育」の必要性を擁護し言祝ぐ言説を切り崩すのに、どのようなロジックをもってするかを考えてきた。「分ける」擁護派は二言目には「子どものため」「それが子どもに適しているから」と口にする。その口車にのって、「分けない教育」の利点、一部だろうが全てだろうがそれが「子どものためになる」ことの証し立てに走るのは、筆者には悪手に思えて仕方がない。かと言って、権利論の一本足打法で「共に教育を受ける権利」を持ち出し、国際的潮流・大勢がそちらにあるという論で押しまくる教育権論者の議論もどうも心に響かない。そんな八方塞がりからのブレークスルーを求めて、ここでまず、各地で「普通に」行われている「分ける教育」そのものに注目し、その本質を抉り出すことから始めたい。

日本を含む世界の教育には、「分ける教育」の太い系譜がある。北海道では維新政府の方針で、アイヌは和人と分けられた別教育を断続的に強いられてきた(3)。全国各地で民衆の「無言の圧力」に屈し、行政当局は被差別部落出身子弟を別学させる「部落学校」の慣習を二〇世紀初頭まで黙認した。女子は戦後改革で制度が改められるまで、フルスペック（正系）の中等・高等教育から締め出され、男女別学体制にあまんじていた。米国南部では黒人と白人の人種隔離教育が長く行われ、一九五四年のブラウン判決で断罪されるもなお黒人差別が尾を引いているのは周知のとおりである。そして障害のある子どもとない子どもの別学体制である。注意を要するのが、障害のある子どもには、別学体制に先立って長い「無教育」の時代が存在したことである。すなわち戦前の教育体制では就学猶予・免除制度を根拠に、戦後はそれらに特殊諸学校の整備先送りという行政の不作為が加わり、障害のある子どもたちの多くが教育の真空地帯に置かれたのである。分離別学に先立ち長い無教育期が存在するのは、奴隷制度下の黒人、あるいは前近代期日本の女性や江戸期のえた・非人身分にも共通する構図である。別学、すなわち「分ける教育」の基底部分に教育そのものの否定、無教育の思想が潜在しており、両者が地続きのものである可能性をおさえておきたい。

そもそも「分ける」教育や「別学」というワーディングそのものに（ということは裏返しの「分けない」とか「共学」という言葉にも）話の方向をあやまらせる陥穽が潜んでいる。ここには対等な存在AとB（場合によってはさらにC、D……）がいて、それぞれが別の道を（双方が進んで、あるいは納得づくで）歩んでいくという予定調和的ニュアンスがある。しかし和人とアイヌ、男子と女子、米国の白人と黒人、一般民と被差別民の間には、断じてそのような関係は存在しなかった。圧倒的優位な立場に立つA（和人、男、白人、一般民、健全者）がいて、これが教育に関するヘゲモニーを独占している。カギを握っているのはいつもAの側で、他者カテゴリーであるB（アイヌ、女性、黒人、部落民、障害者）はAの時々の判断で異別処遇される（別の場に措置される）こともあれば同一処遇される（同じ場に組み入れられる）場合もある。いずれにせよその判断は、Aの都合が最優先され、Aの利益の最大化を動因に下されることが常であるのを念頭におくべきだ。この枠組みにおける異別処遇とは、ノーマルとされる教育からBを締め出し排除する事態のことであり、それは「分ける」とか「別」といった生やさしい話ではない。まして「子どもの利益や幸せのため」など、何をかいわんやである。根底にひそんでいるところの教育否定論、無教育思想の地金がむき出しになって、そこには露出しているのだ。また、Aの功利的判断のもと同一処遇が遂行される場合も決して楽観視するべきではない。本質的にはそれが、無教育や排除（異別処遇）と同じ権力構造に由来し、それらと地続きの関係にあることを繰り返し想起するべきである。

ここまで述べてきた理路が正しければ、「分けない教育」の効用を立証して「分ける」擁護論に対抗するのが悪手であることも得心してもらえよう。その反論では相手の土俵にのることで相手の存在を半分は認めてしまっている。しかし、明らかにしたように「分ける」論には猛毒性が伏在している。まともに対座してよい相手ではないのだ。

また、以上の議論から、包摂＝分けないこと、という表面的理解もまた危険なものであることも論をまたない。見てきたように「分けない」と「分ける」は実は地続きの関係にあり、そこに貫徹していたのは非対称でヘゲモニックな権力構造であった。だから、「分けないこと」と同一視された包摂概念もまた、恣意的権力構造を前提としてしまっている。こうした問題含みの包摂概念は、本稿一節で論じた、「第一の意味」での「包摂」に対応し、〈生きのびる〇〇〉の思想系譜にも連なるものである。そこでは、「個別ニーズ」をもつ客体として相互に分断された者らにおいて、個別に生の改善がはかられていく。包摂の客体が主体（包摂する側）に転じることは決してない。包摂イコール分けないこと、という思い込みを突破することが、インクルーシブな学び論を構築する上で欠かせない一歩なのである。

（二）『みんなの学校』に描かれなかった外部

本項では、大阪市立大空小学校の学びを記録した映像ドキュメンタリー『みんなの学校』を手がかりに、ただ「分けない」ことだけを超える学校や学びのあり方の考察に進んでいく。手始めに掲げたい問いがある。それは「いわゆる『分ける教育』によって、誰が何から隔離（疎外）されたのか」である。『みんなの学校』にはもちろん「分ける教育」は直接描かれていないが、その答えの手がかりは無数に隠されている。そしてそれが、ただ「分けない」だけを超えたインクルーシブな学びを考えるヒントにもなるのである。

登場する数々の子どもたちの中でも特に印象深いのがセイちゃんである。セイちゃんは四年生のときに大空小に転入してきた。それまで三年間ほとんど学校に行けなかったが、何とか学校に行ってほしいという思いから、母親は転居にふみきった。観る者はセイちゃんが大空小学校と出会えた僥倖を祝わずにおれないと共に、失われた三年間という時間の長さに愕然とすることだろう。そこで私の頭に去来した問いは、セイちゃん一家が去ってしまったことで、X校区（といま仮に呼ぶ）やX小学校の子どもたちは何を失い、何から隔てられてしまったのか、というものである。

筆者は、セイちゃんという仲間を失ったことでX小学校の子どもたちから奪われた最も大きなものは、「ここに居られる、居ていいという安心」であり「分離・隔離されない自由」であったと考えている。セイちゃんが排除されていったとき、この学校の面々に去来したのは、「排除されなかった自分（の子）はまだ『正常』の側にいることが確認できた」とホッと胸をなでおろす気持ちかもしれないし、「次は自分（の子）が排除される番かもしれない」という戦々恐々たる思いだったかもしれない。他方、そこで奪われてしまった安心や自由は、（次節以降で詳述するように）依存を脱却し「脱依存」の道につながる学びにとって最も基礎的な土台であり、かつその達成目標でもあると考える。セイちゃんを失うことでかれらは、「脱依存への学び」の基礎条件からも隔てられたのである。

いま筆者は、X小学校の子どもたちは「分離・隔離されない自由」を奪われたと述べた。ここで少し「自由」をめぐる考察を、ハンナ・アーレントの議論を援用した教育学者ガート・ビースタの所説を参照して進めてみよう。ビースタは、人びとが外的強制をのがれて感じる内面の自由と区別して、始まりとしての自由、「これまで存在していなかったものを存在させる」自由を重視する。心の問題でなく、公共的空間で経験されるはずの自由の方が問題だとするのだ。この公共空間(たとえば通常学級のような場を考えよう)の中に、人は行為や言葉をもって活動することを通じて参入する。それが「顕現=あらわれ」であり、誰もが唯一無二という意味で複数性をもつ人間存在の始まりなのだ。そこで大事なのが、「自分自身が顕現するとき、何を顕現させているのかを、本人も周囲もだれも分からない(4)」という点である。それは公共空間での活動の中で、初めて明らかになっていくものなのだ。

セイちゃんが通常学級という公共空間に「顕現=あらわれ」るとき、それは障害児とか非定型発達児として、健全児または定型発達のその他大勢の前に立つのではない。彼は、過去の人類の誰もがやったことがなく、今後将来誰もやらないような唯一無二のやり方で、その場にあらわれ、始まりを始める。同様に、X小学校のクラスメイトも、過去誰もやったことがなく、今後も誰もやらない無二のやり方で、セイの前に顕現するのだ。互いが一体「誰 who」なのか（「何 what」ではなく）を確かめ合っていく、そこが長い道のりの出発点になるはずだった。しかし事態はそうは推移しなかった。互いに何を開示したのかを、活動のなかで確かめていく暇を与えることなく、X小学校は公共空間を性急に閉じてしまった。「これまで存在していなかったものを登場させる」自由が、子どもたちから奪われてしまったのだ。

アーレント&ビースタは言っている。人間の複数性が惹起する予測不可能性に耐えかねてこれまでの歴史でいかに多くの活動が挫折し、人間存在から偶然性を取り除きたい誘惑に負けて、「活動がもたらす災いからの避難所」に走ったことか。「分ける教育」とは、まさにこうした類の避難所に他ならない。

三．〈生きのびるを〈時々〉超える〉学びの方へ①——オルタナティブな包摂とは？

本節ではふたたび「包摂／インクルージョン」概念に立ち返り、「二つの包摂」における第二の〈オルタナティブな〉包摂をめぐる先の考察を手がかりとして、〈生きのびるための包摂〉をのりこえるもの、すなわち〈生きのびるを〈時々／時に／たまに）超える〉インクルーシブな学びについて考えていきたい。はじめに再度ハンナ・アーレントを取り上げ、その議論の有用性を確認する。アーレントこそ、二十世紀の思想家の中で最も雄弁に、〈生きのびるための○○〉への危機感を表明した一人である。ただ同時に、アーレント思想の限界も踏まえておきたい。それが次の、なぜシンプルに〈生きのびるを超える〉でなく、あくまで〈生きのびるを時々／時に／たまに超える〉なのか。この〈時々／時に／たまに〉という但し書きにこめた意味にかかわってくる。その上で、教育が〈生きのびるを超える〉瞬間とはどんな時なのかについて、消極面、積極面に切り分けながら論じていきたい。

（一）ハンナ・アーレントの議論の有用性と限界

さきほど筆者は『みんなの学校』に登場するセイちゃんが、大空小学校以前の学校で公的世界にあらわれる機会を奪われたことを指摘した。さてここで、ハンナ・アーレントが高い価値を置いた公的世界（公的領域）とは何なのか、アーレント自身の議論に少し耳を傾けてみよう。

アーレントは「公的」の概念を二つの位相で捉えている。それは「第一に、一般公衆の前に現れるものなら何であれ、誰でもそれを見たり聞いたりすることができること[5]」を意味する。見られ、聞かれることが決定的に重要なのは、それによって「当の現象に現実味が帰せられる[6]」からである。そして「第二に、世界それ自体である。世界とは、われわれに共通なものであり、そのようなものとして、われわれが私的に所有しているもの、つまりわれわれの私有財産と呼ばれる場所とは区別される……。どんな間（はざま）もそうであるように、世界は、それをそのつど共有している人びとを、結合させるとともに、分離させるのである[7]」。公的世界が人を「結びつける」と同時に人を「分離する」というくだりに注目したい。ここでの分離とは、セイちゃんについて論じた中で言及した、唯一無二の個人性、アイデンティティが「誰（who）」を媒介に立ち上がる局面に関係している。公的世界をバックグランドにして初めて、個のアイデンティティが立ち上がるというのだ。結合あっての分離なのであり、また逆に分離あっての結合という相補的関係として理解することができよう。

そして、アーレントの議論の核心は、近代において、公的領域と私的領域が後景にひき、それに代わって社会的なるものという新しい領域が圧倒的優位を占めるようになったという点にある。この議論がそのまま、アーレントの現代批判になり、そしてまた本稿の〈生きのびる〉論にもかかわっている。「社会の誕生以来、すなわち私的家政とそこで必要とされる経済が公的事柄となって以来、この新しい領域は、抗いがたい拡大傾向を顕著に示して、私的なものと公的なものという古い二つの領域に立ち優ってきた(8)」。私的家政の中で必要とされていること、これがすなわち生存ないし〈生きのびること〉であるが、それが「公的事柄」として人々の生のテーマとなる事態を、アーレントは「社会」という概念で把握している。この「社会」に対するアーレントの批判は峻烈である。「社会によって、生命プロセス自体が、多様このうえない形態において公的なものの空間に導き入れられた……。かつて私的な家政の領域とは、個体の生命維持と類の存続という二通りの生命の必要が勘案される領域であり、生活が保証される領域であった。……私的領域のみを動いている人間を、古代人［は］ひどく軽蔑していた……。ところが、社会の出現は、人間的実存のこの領域全体の評価を、決定的に変えてしまった(9)」。こうした近代社会は、福祉国家や社会主義国家の形成によって「見た目には人類の生命維持を世界規模で保証し始めてはいるが、しかし同時に人間性を、つまり人間が真に人間であることを、絶滅しかねない勢いである(10)」。また次のようにも述べている。「社会とは、とにかく生きるというただ一つの究極目的のために、人間どうしたがいに依存し合うこと、ただそのことのみが、公的意義を獲得するような共存の形態である。それゆえ、生命の維持にもっぱら奉仕する活動が、公共性に現れるばかりでなく、公的空間の外観を規定してよいとされるのが、社会なのである(11)」。

ここまで述べてくれば、アーレントという思想家が、〈生きのびる〉を超えるというテーマを考える際に力強い根拠を与えてくれる一人であることが見てとれよう。ただし注意しなければならないのは、アーレント自身の議論では〈社会的なもの〉の勃興以前の世界、すなわち古代ギリシアの都市国家（ポリス）への郷愁を捨てきれていない点である。近代の「社会」に対する彼女の批判には大いに傾聴する価値があるとしても、かつての公共世界（公的なるもの）を取りもどすために、それとセットとなって公的領域を下支えしていた私的家政の姿まで復権させるというシナリオは考えられない。なぜならばギリシアの都市国家において生命の維持に直結する家政の営みは、差別・身分制を前提とした奴隷労働や性別分業労働によって担われていたからである。その担い手として想定されたのは、成人市民階級男性をのぞいた排除カテゴリーであった。今後われわれが、アーレントの議論をヒントに〈生きのびる〉を超える学び論を展開する上では、万人の最低限の生を権利として保障する社会権の徹底を前提とせねばならない。特にその範疇の中に、子どもを含めるのが重要と考える。この論点は、なぜ〈生きのびるを超える〉に、「時に」という挿入句が入ることが大切なのかという部分と関わるので、項を改めて論じたい。

(二) なぜ〈時々／時に／たまに〉が必要なのか？

われわれは前項で、ハンナ・アーレントに依拠して、現代世界において〈生きのびる〉の台頭が公共世界を脅かし、圧迫している病理を概観した。しかしながら、近代以前の私的家政の領域で、女性や子どもが収奪の対象とされ、成人市民階級男性の公共世界に一方的に奉仕させられていたことを重視せねばならない点も指摘した。つまり〈生きのびるを超える〉思想には一定の留保が必要であり、とりわけそれは子どもに関係する場合必須となるのである。

ここで、近代の教育・学習権思想のおおもとを確認してみよう。それらの前提は、子どもが生計のための労働の束縛から解放されていることに置かれていた。じっさい、各国の就学義務体制の成立史を振り返ってみれば、児童労働を規制する工場法のような立法とのセットによってはじめて、就学義務法制が空文化を脱し、教育権・学習権の実質的実現へと歩を進めたのであった。しかし本稿でもっとも強調したいのはこうした「建て前論」ではなく、現実の子どもたちが置かれた現状と、この建て前論との乖離の方である。そのことは、現在の日本でしばしば報じられる高校生の「ブラック・バイト」の状況を一瞥すれば了解されるであろう。(12) つまり、子どもイコール労働の必要から免れて勉学に専念する（できる）存在、という図式はすでに絵空事と化して久しいのである。

以上の点から、現実の日本社会を文脈に考えるとき、教育や学習の場において〈生きのびる〉にかかわる諸実践を全否定することは、現実的にはありえないことである。たとえば、『みんなの学校』に描かれた一シーンを思い出してみよう。小学六年生の男児で、家庭の事情で十分な食事を摂れず、やせ細って毎朝腹をすかせて登校する子どもがいた。彼が本当においしそうに給食を頬張る姿は、まさしく「いのちを繋ぐ営み」そのものである。この給食はさしあたり、前項で述べた第一の包摂の特徴的な、「個々の生命の維持・再生産に徹し、個々の生の改善・向上を期す」ものと考えられる。これは特別ニーズ教育でいう「ニーズを充たす」行為でもある。この文脈で、「とにかく生きるというただ一つの究極目的のために」学校が機能したことそれ自体を、誰も非難することはできないだろう。

肝心なのはバランスである。つまり、個や種や類の存続をおびやかす事態を前にしたとき、勢いあまってもう一つの極端である〈生きのびる〉の亜種としての〈生き残る〉系の思想に振れてしまわないことが大切である。〈生き残る〉系にまとわりつく諸概念はややもすれば人間の協働や協力を否定し、むやみに人を無益で空疎な競争に煽り立てる。その誘惑に乗らないことだ。それをより具体的な戦術に落とし込んでいえば、一方で個別のニーズ請求も受けとめつつ、他方でそれだけで決して終わらないようにする、そこが勘所なのではないか。この「それだけで終わらないようにする」というのが、〈生きのびるを時々、たまに超える〉という部分である。ここで項を改めて、この点をさらに展開させてみたい

（三）教育が〈生きのびるを超える〉瞬間：事例をまじえつつ

それでは、教育や学習が〈生きのびる〉ことへの奉仕だけで終わらず、それを（時々）超える契機はどのようなところにあるのか探っていきたい。本項ではそれを、消極・

積極という二面に分けて論じたい。

（A）教育が〈生きのびるを超える〉瞬間とは①・消極篇：過重負担を手放す

すでに言い古された話ではあるが、日本の学校は上級、下級を問わず、次から次へと「新しい教育課題」を突きつけられ、その対応に翻弄され続けている。思いつくまま挙げてみれば、初等段階からの英語（外国語）導入、道徳教育の教科化、プログラミング教育、ＩＣＴ教育、市民性教育……などなどである。ここで注意を促したいのが、必ずと言ってよいほど、それらの導入が議論されるたびに、〈生きのびる〉言説（正確には〈生き残り〉＝生存言説というべきか）が幅広く語られることである。曰く、グローバル競争を生き抜くために早期からの英語（外国語）学習が欠かせない、道徳意識が欠かせない、プログラミング技術が欠かせない、ＩＣＴの素養が欠かせない、市民性の確立が欠かせない……というわけだ。

ここでいう消極的な意味での〈生きのびるを超える〉あり方とは、これらの生存言説から距離をとり、それらを相手にせず、やり過ごすことである。それによって教育現場は過重負担を手放すことができ、ファンダメンタルズに力を集中させることが可能になる。またそもそもこれらの鳴り物入りの〇〇教育のもとをただせば大半が、利権のからんだ特定の産業界からの「要請」に基づくものである。それらを遮断し、翻弄されることを拒絶することは、教育への新自由主義の侵入に抗うことにもなる。

過重負担を手放す、ということで想起するのが、「子どもの命を守るのが教師の使命」という、戦前期から教師聖職規範として繰り返し語られ、悲劇を生んできた言説である。[13]「命を守る」ことと「命を繋ぐ営みへの参画」とはイコールではない。「命を守る」思想（規範）には、アーレントが近代の病理として指摘したのと同型の構造、「生命にじかに奉仕し生命プロセスによってじかに強いられる」構造が含まれている。他方で「命を繋ぐ営みへの参画」には、前者のような悲壮感がなく、大空小学校の現場にあったような、突きぬけた明るさがある。

（B）教育が〈生きのびるを超える〉瞬間とは②・積極篇：松原高校「課題研究」

次に、教育が積極的な意味において〈生きのびる〉を超える可能性について考えたい。その手がかりをここでは一つの具体的教育実践に求めたい。大阪府立松原高校で取り組まれて二〇年以上になる「課題研究」である。[14]筆者自身、二〇二二年一月十四日に「課題研究」発表会の場に参加する機会を得た。その鮮烈な印象に圧倒されただけでなく、本稿の問題意識に照らしたとき、人権、平和、反差別、民主主義、平等といった諸価値（利害を超えた外部の根拠にもとづく価値）を大切にする松高の課題研究は、「第二の包摂」に具体的イメージを与え、教育が〈「生きのびる」を超える〉瞬間をまざまざと示すものだと確信した。

課題研究とは、松原高校の三年生全員が「自分で問いを立て、自分なりの答えを見つける研究発表……に取り組む[15]」ものである。高三の一年間をかけて取り組み、「六千字の論文と15分のプレゼンテーションが最後の課題[16]」となる。筆者が参加したのはこのプレゼンテーションの場であった。課題研究は実質的には、二年生の冬の担任とのテーマ決め面談から始まる。しかし、この実践の指導を続けている中川泰輔先生は、「課題研究は実は生まれた時から始まっている[17]」ものだという点に注意を促している。それは、生徒が選ぶテーマが極めてしばしば「自分の抱える問題に深く踏み込んでいく[18]」ものとなるからである。以下では、中川先生が課題研究の指導でかかわった生徒Aの事例に即して考えていく。

二年生の終わり近くに課題研究の「テーマ決めの面談」がやってくる。「Aとの面談の日、本人が考えてきたテーマは『幸せになる方法』だった。なぜそのテーマにしたいと思うかを聞くと、『先輩がやってたから』と答えた。私は、先輩とAは違うよね？このテーマをAがすることにどんな意味があるの？　なんで幸せになりたいと思う？そんなことを一時間程度一緒に話していると、終始笑顔だったAが急に堰を切ったように自分の家のことを話し始めた[19]」。さらりと「一時間程度」と書かれているが、生徒とさしで一時間も語り続けるというのは並大抵のことではない。惜しみなく時間を投入する姿勢に心打たれる。また課題研究にとってこのテーマ決めが、その後を左右する重要なステップであることもおさえておくべきだ。「単なる調べ学習や大学の論文と違い……その課題に相対する『私』を見つめない限り主体的な学びに繋がらないと感じるからだ[20]」。そしてAが語ったのは「自分の小さい頃の記憶は、母が父に殴られているという暴力的な場面ばかり」だったこと、「自分の傷よりも暴力から母を守ることができなかったことを悔やんでいること」だった。Aは涙を流し、「気がつくと私（中川先生）自身も泣いていた。そして私も今まで誰にも話すことができなかった経験を打ち明けていた[21]」。

一時間にも及ぶねばり強い対話の中で、Aの語りが生まれた。これによって課題研究のテーマが固まる。しかしさらに重要なのは、Aの語りを受けて中川先生の方も「今まで誰にも話すことができなかった経験」をAに向けて「打ち明けていた」ことである。課題研究の学びが双方向的なことを如実に物語るエピソードである。

課題研究における論文のフォーマットは決まっていて、その第二章は「文献研究」である。Aは『ルポ 子どもの虐待の現場から』という本を選んだ。「本など一切読まないAが一気に読み切った」とのことで、「中でも印象に残ったのは虐待する親たちの背景を描いた場面……で、虐待の暴力の側面ばかりのニュースを何の疑いもなく見ていたAは、その裏側にある虐待の連鎖や貧困問題、孤立した人間関係に気がついた。それ以降Aは虐待のニュースに対して、『暴力のことだけを報道しても何も変わらない。もっと違う伝え方をしてほしい』と度々言うようになった[22]」。

課題研究の第三章は「フィールドワーク」である。学校の外に出て、いま取り組んでいる問題や課題の当事者に実際に出会うことで自分を広げる作業だ。教員も事前に調整に努めるが、いざ始めてみると生徒自身が「一から開拓することがほとんど[23]」だという。Aはフィールドワークで三ヵ所を訪れた。一つ目はドキュメンタリー映画『さとにきたらええやん』の舞台挨拶である。その場で、支援者の大学教授が講演の中で語っていた「虐待されて殺されそうになっても親を好きだと慕う子どもの力[24]」という言葉が印象に残った。二つ目のフィールド先は放課後の学習や食事を支援するＮＰＯ団体であった。「そこでＡは一人の子どもと深く関わりを持つ。Ａは一緒に料理をつくり、同じ作業をペアでしていても一切口を開かないその子に辛抱強く関わり続け、最後には話をしてもらえる間柄になっていた[25]」。筆者にはこの関係変容が、先にみた、中川先生の粘り強い対話姿勢とＡの語りの変化と二重写しになる。

これらのフィールドワークを通してＡに、「福祉と教育を繋ぐ体育教師」という夢が形になり始めた。ただ葛藤がなかったわけではない。ある日下級生を集め、虐待をテーマに保健の模擬授業をＡがしたところ、思い当たるところがあって俯いてしまう生徒が出てしまった。Ａに「虐待に悩む誰かを救いたいという気持ちが芽生え……高校教師になって子どもたちを虐待から護るという夢ができた」わけだが、同時に、「それ虐待やで、と言うだけの大人にはなりたくない。それを子どもに言ったたって喜ばない。子どもは親のことが好きだし、余計に隠さなければいけないと思いＳＯＳを出せなくなる。そうやってポンって投げ出すようなことは絶対にしたらダメだ[26]」という思いも強くなる。葛藤をのりこえ、発表大会を迎えるまでの中川先生との二人三脚は、関西テレビ制作のドキュメンタリー番組『夢への扉「課題研究」～先生を越えて進め～』に丁寧に描かれている。

発表大会では、他にも多くの生徒が課題研究の中で自分なりにつかんだ将来の「夢」を語る。だがこの実践が、狭義の「進路指導・進路保障」とも「キャリア教育」とも一線を画すことはもはや明らかであろう。課題研究の中で生徒たちに見えてくる「夢」は、労働市場で自らをいかに商品化するかに帰結する〈生きのびる〉の思想系から出てくるものではない。それは、「私」が抱える問題と徹底して向き合い、その思いが利害を超えた外部の根拠にもとづく価値というフィルターで濾過され、一つの答えとして結実したものである。

ドキュメンタリー番組の最後で、発表大会を終え晴れ晴れとした表情の生徒を前に、中川先生自身が一年間の課題研究から何を「学んだ」かを語るシーンがある。生徒一人ひとりに宛てたメッセージを交え、ある生徒には「背中見せてもらった」と賞賛の言葉を送りつつ、「一生みんなと一緒に考え続ける」教員という自らの夢を語る。最後まで双方向性に貫かれた課題研究の授業をしめくくる場面に、筆者は涙を止めることができなかった。

四．〈生きのびるを（時々）超える〉学びの方へ②——モンクの責任論に照らして

前節にひき続き、〈生きのびるを（時に）超える〉学びのイメージに向けた探索を継続したい。ここで援用したいのが、意外の向きもあるかもしれないが、〈責任〉の概念である。責任概念は、あの忌まわしい「自己責任」論を想起させ、多くを自責他害に追い込みかねない「呪い」の言葉であろう。しかしながら、そのものずばり『自己責任の時代』という本を著したドイツ系アメリカ人政治哲学者のヤシャ・モンク[27]の議論は、私たちを意外な境地に連れ出してくれるのだ。

『自己責任の時代』の中でモンクはまず、この数十年間の福祉国家体制の変化にともない責任概念に生じた変容を指摘する。今や福祉国家の諸制度は、責任ある行動をとったと思しき人に褒美を、無責任な行動をとったと思しき人に懲罰を与える道具になり下がっている。ここに見られるのは「懲罰的責任像」である。しかしモンクはほんらい責任概念にはもっと豊かな含意があったはずだとして「肯定的責任像」を提唱し、各人が責任を果たせるよう支援できる福祉制度や教育のあり方を構想する。

その前提として、まず人はみな、自分はみずから責任を果たしている実感を得たい

し、主体性の感覚を味わいたいし、手ごたえのある形で自分の人生を作り上げたいと考えていることが強調される。またわれわれは、同胞市民から完全に責任ある主体として認められたいと思っている。また同じくわれわれは、外にある何かに対して、たとえば子ども、ペット、病気の親戚や友人、あるいはスポーツや芸術、社会事業などに対して、責任をもって関わりたいと思っている。こうした肯定的責任像を考えるとき最も重要だとモンクが述べているのが、責任の遂行ではなく「他者を責任ある存在と考えること」である。モンクの指摘する懲罰的責任像が本質的に、自己責任や自助を強調する労働市場のロジックと強く共鳴することは論をまたない。他方で肯定的責任像のかなたには、たとえ経済的自立（狭義の「自活」）を伴わなくとも、自他に対する責任を果たし、労働市場に依存せず社会から承認を得て生きていく生き方が遠望される（『男はつらいよ』の寅さん的生き方！）。その切り替えのポイントとして、他者を責任ある存在と考えることができるかどうかを挙げている点が特に重要である。

ここで大空小学校の事例に立ち戻ろう。『みんなの学校』には何度も、セイちゃんの校長室での「やり直し」のシーンが映し出されていた。そこで木村泰子校長はあくまでセイ自身の口から謝罪や反省の弁が出ることにこだわり、何度もやり取りを重ねていた。ここには、「他者を責任ある存在として捉える」肯定的責任像がうかがえる。クラスメイトの一緒に遊ぼうという呼びかけを拒否したその自らの行動に徹底して責任をもつ主体として、セイを扱う姿勢がここに一貫していた。

他方でセイを拒絶したX小学校はどうだろうか。「分ける」ことにこだわったそのことによってX小学校は、まずセイちゃんから、責任ある主体として行動する可能性をうばった。さらにクラスの子どもたちが彼を責任主体として認める機会も、また子どもたちがセイに対して責任ある行動をとる機会までうばった。さらにこうした剥奪は、セイちゃんがいなくなった教室でもさらに延々とつづく。こうした「学び」は、懲罰的責任像を媒介にして、労働市場に依存した生き方（就活に振り回される大学生、会社人間、「社畜」）に子どもたちを水路づけていくことにしかならない。

おわりに

本稿でもっとも伝えたかった第一のメッセージ、それは「とにかく包摂には気をつけろ！」ということであった。菊地栄治の言葉を借りればその「罪深さ」は、「社会における関係の問題を「個人の能力」のありように還元［し］……存在論的不安をあおり、「個人の能力を支援する」ということでつかの間の安心感を提供する」[28]ところにある。個人化し、新自由主義とも親和的な「包摂」がいまいかに猖獗をきわめているかは、特別支援学級に収容される子どもの急増、同じく特別支援学校の「需要」の急増という現実にも明らかである。

本稿第二のメッセージは、「〈生きのびる〉にも気をつけろ！」である。議論の出発点としてまず確認しておかねばならないのは、〈生きのびる〉言説（それは生きのびろ、生きぬいて、という呼びかけの形態をとる生き残り＝生存言説である）の最初の出どころは、グローバル資本や新自由主義の利益を代表する側にあるということである。それは過酷な競争にもサバイブせよとの要請、「生き残れ」という命令として、経済社会の底辺を担う者らを狙い撃って発せられた。冒頭に挙げた上野千鶴子らの〈生きのびる〉論はむろんそれを逆手にとり、〈生きのびる〉の中から生き残り言説を注意深く切り分けることで、グローバリズムに抗う武器として再定位しようとしたものである。この戦略をひとまず「毒を薬にする」戦略と呼ぼう。

しかし対抗言説としての〈生きのびる〉が次第にひとり歩きを始め、抵抗の文脈が忘れ去られ、共有されにくくなっているのが現状ではないだろうか。本稿「第一の包摂」のくだりで論じたように、包摂概念は残念ながら、資本や国家の側に取り込まれてしまって久しい。これはいわば「薬が毒になってしまった」状況である。

いまや私たちは、薬は毒で毒は薬、という無間地獄的な輻輳した状況の中に立たされている。しかしここで立ち止まって考えよう。そもそも「呪い」とそれを解く「呪文」も、出どころは同じ呪術である。両者はいわば紙一重の存在である。万能の「呪文」はないが、絶対にとけない「呪い」もない。〈生きのびるを（時々）超える〉思想という本稿の提案は、絶望的とも思えるようなこの状況の中でも一度肩の力を抜いて脱力し、まず余計な重荷を手放して、その上で軽やかに社会性・公共性に向けて踏み出すすべをもう一度いっしょに考えませんか、というものとして受け取っていただけるとありがたい。

【註】

1　三時眞貴子・岩下誠・江口布由子・河合隆平・北村陽子編『教育支援と排除の比較社会史 「生存」をめぐる家族・労働・福祉』昭和堂、二〇一六年。上掲論文集は、歴史学者大門正克による「生存の歴史学」

に強い影響を受けている。筆者もこの論集に寄稿している。

2　倉石一郎『増補新版　包摂と排除の教育学　マイノリティ研究から教育福祉社会史へ』生活書院、二〇一八年、補章2「ユニバーサルな公共性構築へ」二三九―二五八頁。

3　一八九九（明治三十二）年「北海道旧土人保護法」制定以後、アイヌの義務教育体制は四回見直されている。順に、分離教育九年、混合教育八年、分離教育六年、「平等な」混合教育九年の期間を経て、一九三一（昭和六）年の小幅な手直しによって現在に至る同化主義体制が確定したといわれる（茅辺かのう『アイヌの世界に生きる』筑摩書房、二〇二一年、六五頁）。

4　G. Biesta, *Beyond Learning：Democratic Education for a Human Future*, Paradigm, 2006,p.82（ガート・ビースタ、田中智志・小玉重夫監訳『学習を超えて　人間的未来へのデモクラティックな教育』東京大学出版会、二〇二一年、八〇頁、一部改訳している）。

5　Arendt, H. *Vita activa oder Vom tätigen Leben*, W.Kohlhammer, 1960（ハンナ・アーレント、森一郎訳『活動的生』みすず書房、二〇一五年、六一頁）

6　前掲書、六一頁

7　前掲書、六四頁

8　前掲書、五六頁

9　前掲書、五六―五七頁

10　前掲書、五七頁

11　前掲書、五七―五八頁

12　高校生のアルバイトと貧困化の実態については、小島俊樹による一連の研究がある。小島俊樹「高校生の世帯にどれほど貧困層が拡大しているか」『人間文化研究』十四号、二〇一一年二月、ほかを参照。

13　久冨義之『日本の教師、その12章　困難から希望への途を求めて』新日本出版社、二〇一七年
14　松原高校における学校改革の全体像や変遷については、菊地栄治『希望をつむぐ高校 生徒の現実と向き合う学校改革』岩波書店、二〇一二年を参照。また、同校における高校生エイズ・ピア・エデュケーション実践を掘り下げて分析したものに平野智之「主体変容を促す対話的学習論　世界を聴く主体とは」大阪府立大学大学院人間社会学研究科博士学位論文、二〇一七年がある。
15　中川泰輔「生徒とともに学び続ける学校「課題研究」」、志水宏吉・島善信編著『未来を創る人権教育：大阪・松原発 学校と地域をつなぐ実践』明石書店、二〇一九年、一一五頁
16　前掲書、一一五頁
17　前掲書、一一五頁
18　前掲書、一一五頁
19　前掲書、一一六頁
20　前掲書、一一五―一一六頁
21　前掲書、一一六―一一七頁
22　前掲書、一一七―一一八頁
23　前掲書、一一八頁
24　前掲書、一一八頁
25　前掲書、一一八頁
26　前掲書、一一九頁
27　Mounk, Y. *The age of responsibility：Luck, Choice, and the Welfare State*, Harvard University Press,2017（ヤシャ・モンク、那須耕介・栗村亜寿香訳『自己責任の時代　その先に構想する、支えあう福祉国家』み

すず書房、二〇一九年）

28　菊地栄治「教育改革の「闇」ともうひとつの物語：対話的空間を創る試み」、池田賢市ほか『能力2040　AI時代に人間する』太田出版、二〇二〇年、四九頁

第四章

高等学校におけるインクルーシブな組織文化の形成

―「対話の文化」を起点とする改革―

中田　正敏

はじめに

筆者は、神奈川で「クリエイティブスクール」という枠組みでインクルーシブな高等学校の組織文化を形成する学校マネジメントを実践したことがある。これを含め、高等学校教員や教育相談担当、教育研究所の活動などを経験する中で、「対話の文化」の中でインクルーシブな組織改革の糸口がつかめるという感触を得てきた。本稿ではその理論と実践について述べてみたい。尚、事例は具体性をもたせつつも複数の事例を合わせたものである。

まず、組織文化はどのようにして感知されるのか、について考えてみたい。

データNo.1　「言い出しにくいこと」

「この学校、何か、『あの生徒、そろそろお引き取り願おう』とか、かなり言いにくい雰囲気、あるじゃないですか、あれ、けっこうキツイですね。でも、みなさん、あまりキツイなぁという顔をしていないので、そのうち慣れるかもしれないですけどね…」

転勤者の第一印象である。「この学校」では、生徒の声を粘り強く聴き続けることに価値を見出す組織文化があることへの違和感が表明されている。

データ№2「優先順位」

「前にいた学校もけっこう大変だったんですけど、こんなに生徒の話を聴くって雰囲気はなかったですね、そう、この学校って話を聴くってことの優先順位がかなり高いじゃないですか、前の学校じゃ、ある程度、こっちの言うことを聞いたら、話は聴いてやるという雰囲気だったんでね、前の学校は、条件付きで、この学校は無条件なんで、今のところちょっとついていけないって感じですね」

同じような生徒層の学校からの転勤者の声である。今までは教職員側の指導にある程度のってくれれば話は聴くという条件付きのスタンスだったのだが、「この学校」では無条件に話を聴くことへの違和感が語られている。

データNo.3　推測モードの危険性
「校長は、生徒の話をする時、よく、『その話は、生徒の話を聴いた時にわかった話なのか、それとも先生が考えた話なのか？』、いつも質問するじゃないですか、あれ、けっこうきつい質問ですよ。まぁ、そういうことが大事なんだとは頭ではわかっているんですけどね。けっこう大変です。でも、みなさん、そんな雰囲気でやっているからなぁ」

生徒の声を聴いているのかどうか、それとも、生徒はこう言うだろうということを推測して言ってしまっているのか、という問いかけについてのコメントである。教職員同士が生徒の話をする時などでも、これが確認されることが多かった。

データNo.4　学校見学で気づくこと
「学校の説明とか、先生たちの話とかを聴いているうちは何かできそうだなと思っていて、そこまではよかったんですけど、学校内を自由にまわらせてもらって、職員室の雰囲気とか、生徒と先生たちが話している雰囲気に接して、やっぱり『うちの学校』では無理だと思ったんですね。そう、まったく雰囲気が違うんですよね」

学校見学者の感想である。システムとか組織図を提示されると自校でも採り入れ可能と思えても、実際に雰囲気に接すると自校のそれと比較し、模倣は難しいと認識している。システム的なものはすぐに模倣できそうな気がするが、組織文化はそう簡単にはいかないところがある。

組織の「雰囲気」への違和感が、生徒の声を丁寧に聴くことに関連している。ここではそこに着目しておきたい。

続く節では、組織文化という切り口からの方略の有効性について述べ、次いで、方法論として活動を分析する枠組みについて考える。その中で「組織文化の三層構造」というコンセプトを提示し、具体的な応用事例を提示する。次に、高等学校の「指導の文化」からの離脱として「対話の文化」というコンセプトについて述べ、その具体的な応用事例を示す。生徒の声の起点として、それが協働につながるという文脈で、「協働の三類型」を提示し、新たな組織文化を生み出す実践の切り口を探ってみたい。

一．「システム」と組織文化

（一）「インクルーシブ教育システム」とは何か

「共生社会の形成に向けたインクルーシブ教育システム構築のための特別支援教育の推進（中教審初等中等教育分科会報告）」（二〇一二年）では、「障害者の権利に関する条約第24条によれば」というかたちで、「インクルーシブ教育システム」の目的についての記載がある。

権利条約の第24条を見てみよう。尚、上記の「報告」では省略されているところを傍線部で示している。

「（a）人間の潜在能力並びに尊厳及び自己の価値についての意識を十分に発達させ、並びに人権、基本的自由及び人間の多様性の尊重を強化すること。

（b）障害者が、その人格、才能及び創造力並びに精神的及び身体的な能力をその可能な最大限度まで発達させること。
（c）障害者が自由な社会に効果的に参加することを可能とすること。」

「報告」では、目的は、多様性に対応すること、能力を発達させること、社会参加することという極めて限定されたキーワードで構成した上で、「個別の教育的ニーズのある幼児児童生徒に対して、自立と社会参加を見据えて、その時点で教育的ニーズに最も的確にこたえる指導を提供できる、多様で柔軟な仕組みを整備することが重要である」とし、そのためには「小・中学校における通常の学級、通級による指導、特別支援学級、特別支援学校といった、連続性のある『多様な学びの場』を用意しておくことが重要である」としている。

「報告」で省略されているコンセプト群は、現場で生徒の声を聴く際に、生徒の置かれた文脈を考える時に、省略してはならない貴重なものばかりである。

また、体制整備について、「校内委員会、実態把握、コーディネーターの指名、『個別の教育支援計画』の策定と活用、『個別の指導計画』の作成、教員の専門性の向上」が記述されている。

このような枠組み内では、教職員の「資質・能力」次第で、その機能が決まるという発想になりやすく、極端な場合は教職員を主体的なエージェンシーを発揮する実践者ではなく、「交換可能な単位」として考えるような組織文化が生まれやすいという指摘もある[1]。

以上のような「インクルーシブ教育システム」や「体制整備」という切り口から提示される示唆は、インクルーシブな学校づくりという文脈では極めて限定的であろう。

そこで、次にインクルーシブな組織文化という切り口から得られる知見のいくつかを明確にしていきたい。

(二) 組織文化という切り口

インクルージョンに関する国際的文書のいくつかをみると、組織文化が実践の枠組みとして位置づけられている。

例えば、「国連の障害者権利委員会一般的意見第4号」（二〇一六年）では、インクルーシブ教育の定義について、「教育への権利を阻害する障壁を除去することへの持続的で事前対処的な関与のプロセスの結果」であり、「すべての生徒たちのための環境を変更・調整し、効果的にインクルージョンするために、通常の学校の文化、方針、実践の変革を伴うもの」としている。この「文化、方針、実践」については次の（三）のような具体的な提示がある。

（三）「インクルージョンのためのインデックス」における組織文化の構築論

「インクルージョンのためのインデックス」（インクルージョン教育研究センター）では、インクルーシブな学校づくりのための枠組みとして次の三つの柱が示されている。「インクルーシブな方針を打ち出すこと」「インクルーシブな実践を具体的に展開すること」と並んで「インクルーシブな文化を創造すること」が提示されている。

文化については、まず、学校を構成する「人々のあいだの関係性」が焦点化されている。まず、あなたの学校では生徒同士や教職員と生徒の関係性はどうなっているのかが問われている。次に、あなたの組織では何に価値を見出しているのかが問われ、それらについて回答をすると、それをさらに洗練化させるための質問があるというかたちで、組織文化における関係性や価値について具体的に考察できる仕掛けになっている。

紙幅の関係で、「価値」についての項目と質問の一部のみを取り上げる。あなたの学校では下記の事項についてはどうなっているだろうか。

A・2・1 すべての生徒に対する高い期待がある。
A・2・2 教職員、評議員、児童生徒、保護者はインクルージョンの基本的な考え方を共有している。
A・2・3 児童生徒は平等に価値あるものとみなされている。
A・2・4 教職員と児童生徒はお互いに「役割」の担い手であることを認識されているだけではなく、人として尊重されている。
A・2・5 教職員は学校のすべての面において学習と参加への障壁を最小限に

することを追求している。

A・2・6　学校はあらゆる形態の差別を気がついたところからなくしていく努力をしている。

この項目の中で傍線部の「A・2・4」を選んだ場合、それに関する質問が以下のように設定されている。

（1）どの生徒も教職員の複数のメンバーによってよく知られているか？
（2）どの生徒も、教職員から好かれていると感じているか？
（3）学校のすべてのメンバーは学習者や教育者としてみなされているか？
（4）教職員はその存在価値を評価され、支援されていると感じているか？
（5）学校の人々が直面している重要な出来事について周囲の同僚などから適切な確認がなされているか？
（6）誰もが、ある文化、複数の文化に属していることが認められているか？
（7）どの児童生徒、そして、教職員も傷ついていたり、意気消沈していたり、あるいは何かに怒りを感じていたりする時があり、それが適切に確認されて支援されているか？
（8）教職員が生徒に関する否定的な個人的感情を克服する方法で表現することが受け入れられているか？
（9）教職員は特定の生徒を「よくない生徒」として否定的にみるようなことを回避できているか？

例えば、（9）について具体的な事象が浮かんだ場合、それは回避できていないようだ、という認識があれば、それは具体的にはどのようなことなのか、何が難しくて回避できないのか、などを具体的に考えることができる。

とかく方針と実践の関連が注目されがちであるが、組織文化と実践の関連を切り口として考える視点に着目したい。そのような組織文化の変革によってシステム万能論的な組織文化の対抗原理を創り出すことも可能になるかもしれない。

二．方法論―活動理論と文化的人工物

前節で述べたように、組織文化という切り口で考える場合に、私たちは、どのようにして学校組織内の関係性や、そこに生まれる様々な葛藤や緊張について的確に捉えられるのか、という方法論が必要である。ここでは、分析単位を個人とせず、複雑な情況を組織的発達の契機と捉える活動理論の枠組みについて簡単に触れておきたい。

(一) 人の活動を把握するための三つの三角形

L・S・ヴィゴツキーは心理的ツールについて次のように示している。

「文化的人工物」、具体的には「言語、計数システム、記憶術、代数のシンボル・システム、芸術作品、文字、略図・図解・地図・図面、その他いろいろな符合・記号等」を心理的ツールとして人は使いこなしている[2]。

人は自分の使っている心理的ツールを必ずしも意識してい

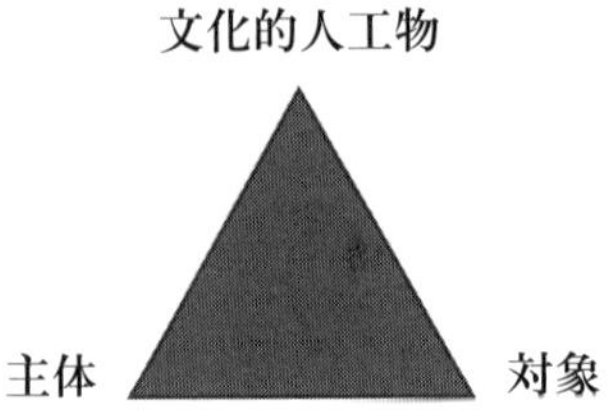

図1

ないことがある。心理的ツールをレンズとして考えると、例えば、生徒をどのような媒介（レンズ）で見ているのか、という枠組みを考える時に、前頁の三角形は示唆的である（図1）。ヴィゴツキーは、文化的人工物を人の活動を示す三角形の頂点に位置づけている。これを方法論の起点としたい。

しかし、人は歴史的にも、社会的にも一人で活動するばかりではない。様々な集団や共同体（コミュニティ）で活動をしている。それを2番目の三角形で図示すると次のようになる（図2）。

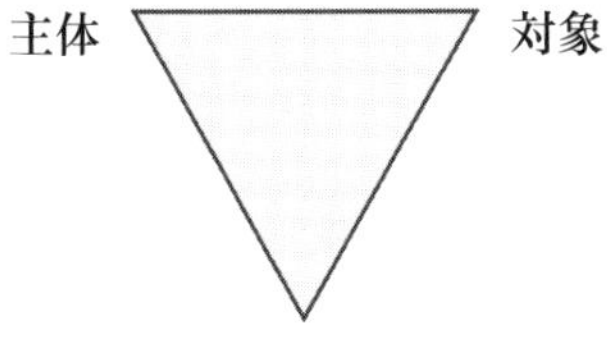

図2

人は対象を捉える時、共同体を通し、仲間と共に何かを成し遂げる。例えば、学校という場では多くの複雑な関係があり、それが障壁となることもある。

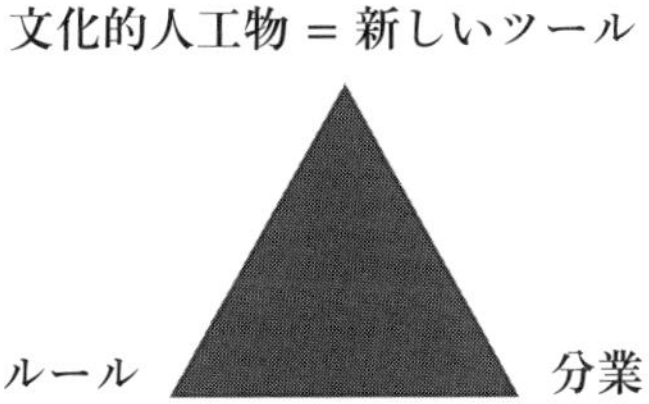

図3

また、新しい文化的人工物が発明さ

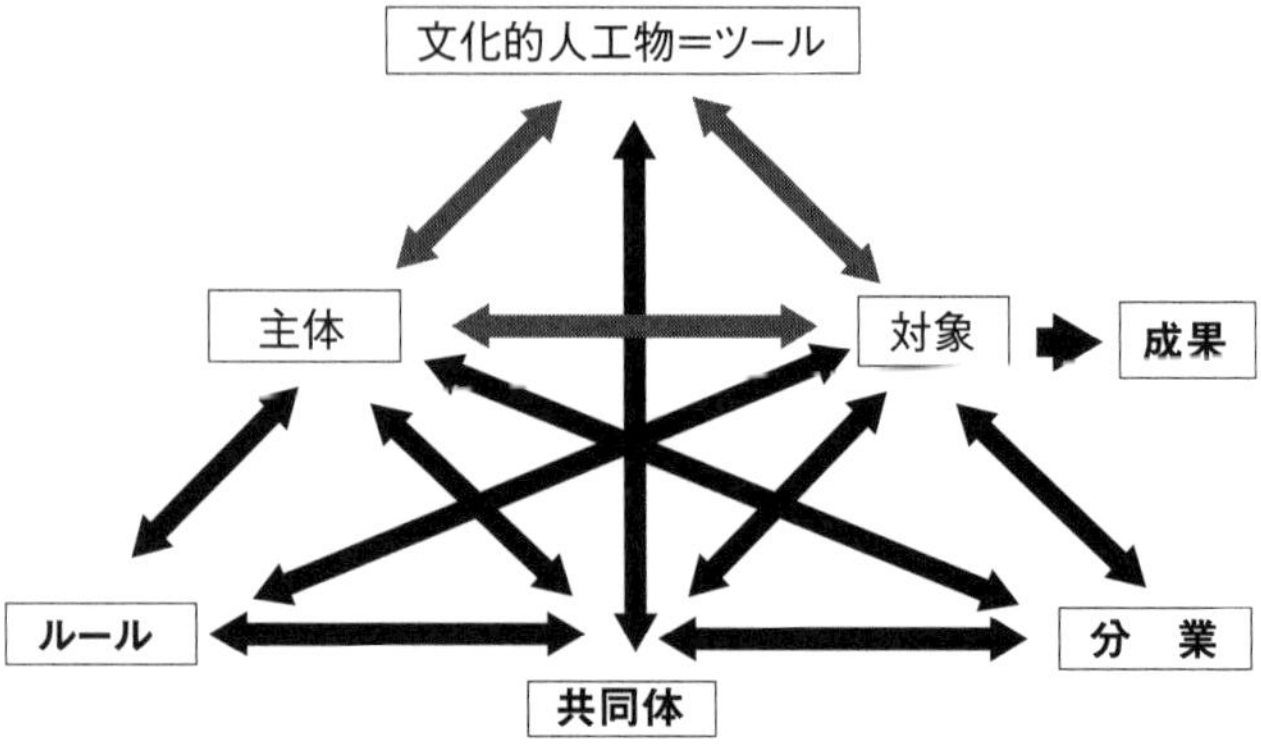

図４

れると、ルールや分業のかたちが変わることがよくある。図式化すると次の通りである。これが３番目の三角形である（図３）。

最近の例で言えば、新しいデジタル端末は、独自のルールや新しい分業関係を必要としている。また、分業が垂直的か、水平的かによって、ルールも規定されるという側面がある。ルールも分業も組織文化では重要なテーマであり、この枠組みで捉える必要がある。

（二）活動システムという分析単位と矛盾の把握

これらの３つの三角形を合成するかたちで、活動システムは次のようにＹ・エンゲストローム[3]によって6つの構成要素をもつ三角形に図式化されている（図4）。

教職員は学校での出来事をどのような分析単位で捉えているだろうか。主体として何らかの媒介（レンズ）を通して対象としての生徒をどのように把握し、関わっているのか、という話では、主体、媒介、対象という3つの要素が使われている。しかし、多くの取り組みでは、組織内のルールや分業関係が深く関係していることから、共同体、分業という新たな要素が分析単位に含まれることになる。

ところで、学校組織の出来事は時には葛藤とか擾乱として現れ、組織には緊張が走ることもある。その根源には矛盾がある。こうした諸矛盾は活動システムの枠組みで捉えると四つの矛盾がある[4]。

まずは、それぞれの要素内部での矛盾の発生である。例えば、新ルールが導入されれば、旧ルールとのあいだで何らかの葛藤が起こる。また、水平的分業が行われているところに垂直的分業が入ってきた場合にも擾乱が起こる。これを第一次矛盾とする。

諸要素のあいだに起こる矛盾もある。例えば、新たな生徒観が外から導入された場合には、従来のルールと齟齬をきたし緊張が走る。これらは第二次矛盾である。

次に、新たなツール（媒介）の導入はその媒介内やその他の五つの要素との関係でも様々な矛盾を波及的に引き起こすこともある。例えば、新しいテクノロジーが学校組織に導入される時には擾乱が波及的に起こることがある。これは第三次矛盾である。

さらに学校組織とその外部の活動システムのあいだで起こる第四次矛盾もある。例えば、外部の支援組織との関係で何らかの葛藤的な状況が起こることもあり得る。

これらの矛盾は複雑に絡み合い葛藤や擾乱が起きて教職員の疲弊の要因となることもある。さらに、こうした葛藤や擾乱を生徒や教職員の一部の責任の問題として掩蔽する技が、学校組織に蔓延るおそれもある。しかし、こうした葛藤などの解決を通して、それらは、変革の資源ともなり得るという考え方もできる。

以上の論点と関連し、こういう場合にはこうするのがよいというスクリプト（台本）

が存在している。前節の論点を補足する意味で、次の項で簡単に触れておきたい。

(三) 文化的人工物としてのスクリプト（台本）

エンゲストロームは文化的人工物の位置に「スクリプト」を置いている。「スクリプト（台本）は、書かれたルール、計画、指示という形で成文化され、あるいは、暗黙のうちに身につけられた伝統として刻み込まれたもの」であるが、人は「スクリプト自体については疑問を呈することもなく、何らの検討することもなく、スクリプトはあたかも人を背後からコーディネート（調整）」していることを指摘している。主体として人が文化的人工物というツールを使っているように見えて、実は文化的人工物が人を統制していることに着目している。

しかし、これまでは通用してきたスクリプトが通用しなくなる状況もある。「擾乱とは、スクリプトからの意図せざる逸脱[5]」であるが、「擾乱は構成要素の相互の関連性を理解するための潜在的に強力なレンズ[6]」でもある。

スクリプトが通用しなくなることは変革の機会となり得るのだが、スクリプトは組織文化の一部であり、もっと幅広く考える必要もあることについて次節でとりあげる。

三．方法論―組織文化論

(一) 組織文化の三層構造

K・ポハイオ(二〇一六)は、E・シャインの組織文化論、特に「組織文化の三層構造」に着目して次のような組織文化を活動理論に位置づける試みをしている。(7)

シャインの組織論に依拠して、まず、組織文化を「人々の行為や思考をガイドする『メンタルマップ』」であり、その職場で「当然とされている存在のあり方のセット」であるとしている。「ヴィジョンの言明、モットー、あるいは業績の展示などの『象徴的な文化的人工物の開発』は組織にとって不可欠なもの」であるが、「どのような経過でこの職場に定着したのかはよくわからない」が「私たちがここではみんながたいていこうやっている方法」として説明されることが多い。

このような文脈で、ポハイオは次のシャインの組織文化の三層構造という考え方に着目している。

第一層：人工の産物（＊文化的人工物）(artifact)
第二層：信奉された信条と価値観（espoused belief and values）
第三層：基本的な深いところに保たれている前提認識（underlying assumption）

「組織が外部に発表している価値のリスト表、物理的な環境、その組織に所属している人たちの服装、目に見える儀式」などは第一層である。第二層は、組織のメンバーがその方略、目標、基本的な考え方について正当化するものであるが、現在の支配的な仕事の仕方とは別の、あるべきものと関係していることもある。第二層の「信奉された信条と価値観」のレベルで繰り返し活動が行われることにより、それが第三層にも移り、定着することもある。シャインの三層構造を採用することで、組織文化のダイナミクスに着目することができる。

ポハイオの組織文化論の概要は以上の通りである。

この三層構造の中では、先に述べたスクリプトは可視化されたものについては第一層となるが、無意識化されている時には第二層、第三層にあるかもしれない。

学校の場合、新しく導入された何かは第一層に入り込み、第二層でいろいろともめることがあった後に定着し、さらに第三層にそれが定着し、当然のものとして考えられているかもしれない。しかし、第二層でかなりの抵抗に出会い、最終的に定着できなかったものもあるかもしれない。学校には一時的には流行ったがすぐに消え失せたものもあるし、完全に定着し、今では誰も疑問に思わないものもある。

学校が第一層の文化的人工物として何を使っているのか、第二層の「信奉された信条と価値観」に基づいて組織のメンバーによって繰り返される行為がどのようなものであるか、あるいは、教職員のあいだにはどのような「信条や価値観」の対立構造や葛藤があるのかどうかを把握することで、可視化されない第三層も含めて組織文化を理解することができるかもしれない。ある組織の変革を考える時に組織文化を学校目標などの第一層のみで考えるのではなく、それと第二層や第三層がどのように関連しているのかを捉える必要がある。

次に組織文化の三層構造を踏まえた具体的な取り組みについて述べる。

（二）「信奉された信条と価値観」への対応事例

ここで「組織文化の三層構造」論を枠組みとして具体的な取り組みについて紹介したい。

「組織文化の第二層」は、さまざまな対話の中で浮き彫りになる。

ある教職員から「うちの学校の生徒のことは実際に生徒と話してみないとわからない。だから、生徒との丁寧な対話により、生徒の抱える複雑な状況を把握する必要がある。それをしないで生徒をよい生徒とか、よくない生徒とか表面的なことで分けることは間違いだ」という発言があった。これは「信奉された信条と価値観」レベルの表明である。これは第二層にあって「第一層」には位置づけられていなかった。

その一方で、「特別指導をきちんとやらないと学校の秩序が壊れる。だから、ある程度画一的で同一対応もしないといけない」という「信奉された信条と価値観」の表明があった。この考え方は「生徒指導内規」という文化的人工物とし「第一層」としても存在していた。ただし、その機械的な実施だけでは学校はまわらないという「信奉された信条と価値観」も一方にはあり、それらの間には緊張関係があった。

生徒と話をしないと生徒のことはわからないという「信奉された信条と価値観」は、実際に行動でも繰り返し実践されていて一定の成果を収めつつあったが、第一層の文化的人工物としては未だ存在していなかった。そこで、学校目標に「生徒と教職員がお互いを大事にして、お互いに大事にされる関係をさらに発展させる」という文言を追加した。このため当初は「生徒指導内規」と「学校目標」とのあいだには矛盾があるかたちとなったが、第一層に新たに位置づけられた「信奉された信条と価値観」は組織の方向付けをするものとなり、実践により多くの事案が解決されることが増えていく中で、次第に学校の組織文化がこの方向で変わりつつあるという状況が生まれた。

実践に基づく「信奉された信条」が組織内の位置づけにより葛藤が生まれ、それを起点にして、インクルーシブな組織文化が形成されることにつながったのである。

四.「指導の文化」から「対話の文化」へ

これまでの高等学校の組織文化は、どのようなレンズで把握するべきかについて述べてきた。ここでは、新しい組織文化とはどのようなものかについて学校現場の状況を踏まえて考えてみたい。

(一)「指導の文化」

「指導の文化」とは、「指導は教員と生徒の信頼関係を基盤に可能になるという前提にもとづき、教科だけでなく日常生活の各側面へと指導の対象を拡張する」ことである。これが「教員の責任を拡張する論理」である。高等学校でもこうした論理は通用しているが、これとは異なる論理が一九七〇年代に編み出されている。「高校では『適格者主義』の原則の下、指導に従わない生徒すなわち『適格性を欠く』生徒への停学・退学等の懲戒等を行う権限を有し、これらの措置の下に教員の生徒への指導責任を正当に解除可能である」として、これを「教員の責任を解除する論理」としている。この論理では、「指導にのる」生徒を「適格な」生徒とし、「指導にのらない生徒」を「的確でない」生徒として、ロジックとしては「学校による支援に対して生徒が自ら離脱したのならば、学校は（生徒の自主性を尊重するために）関与できない」というかたちで対応する論理である。

以上、井上（二〇二一）の知見の一部を紹介した。(8)

現場では、この二つの論理、教員の責任を「拡張する論理」と「解除する論理」が対立・葛藤を繰り返し、また一定の調整が行われてきたプロセスがあった。また、これらの論理は第三層に沈殿している可能性もあるし、時には、高校教員の「信奉された信条と価値観」として、あるいは、職員相互の対立などの擾乱としてさまざまな会議で顕れることもある。

（二）「指導の文化」における関係性

ここでは、「指導の文化」における教職員と生徒の関係について考えてみたい。この文化では、主導権はあくまでも「指導者」にあり、《指導者―被指導者》関係が根幹にある。この枠組みでは、支援というコンセプトが入ってきても《支援者―被支援者》関係の枠組みで捉えられてしまいがちである。支援に関連して《専門家―クライエント》関係が取り上げられることがあるが、クライエントの原義は「跪く人」であり、このような一方向的な関係が固定化したかたちで定着しやすい。

「指導の文化」内の関係は基本的には垂直的関係である。目線は上から下へと注がれる。「ここまで支援してあげているのに、それにのってこないならば、それは問題外である」とか「最近、合理的配慮ということが求められているようだが、どこまで提供したらいいのか」という発言も垂直的関係が前提になっている。そこで、これとは異なる枠組みを考えることが必要になる。

(三)「指導の文化」からの離脱としての「対話の文化」の可能性

次に、この「指導の文化」とは異なる組織文化が生まれる可能性を具体的な実践の場面から考えてみたい。

五月の連休明けの「遅刻指導」の場面である。教職員の呼びかけに応じて遅刻しないように小走りになる生徒は、「指導にのる生徒」である。注意しても無視するだけでなく、突っかかってくる生徒は「指導にのらない生徒」である。「指導の文化」内では「困った生徒」として認識されることになる。

その「困った生徒」に帰り道で出会った教員が、「明日は遅刻するなよ」と言ったら、「私の名前、覚えているんだ」という応答があった。その後、なんとなくやりとりがあって、最後にその生徒から「先生、なんで連休なんてあるのかなぁ」と尋ねられる。「えっ？」と聞き返したが、生徒は「バイトの時間なんで」と言って走り去ってしまった。この対話から教員は、この生徒はかなり困難な状況にあるようであり、「困っている生徒」であると感じた。

その教員の中では「困った生徒」と「困っている生徒」という相矛盾する生徒像ができあがってしまい、不安定な感じを覚えた。スクリプトという言葉を使えば、これまでのスクリプトでは対応できないことになった。そこで、担任と話をしたところ、その生徒はかなり複雑な家庭状況があり、卒業後の生活について今、話をしていて、担任としては、校内の支援スタッフとも協働して何とか道を拓きたいと考えているところであることがわかった。そういうかたちで教員は腑に落ちることで、その日を境にその生徒を見る目が変わったのである。

この展開は「指導の文化」の枠組みでは捉えきれない。おそらく「対話の文化」という枠組みで把握できるものが生まれている。この生徒とその教員は「指導の文化」内で出会い、次に「対話の文化」内で出会うこととなり、その延長として、複数の人たちが協働する「対話の文化」内で話が展開した。

「遅刻指導」という「指導の文化」という文脈では、教職員のスクリプト（台本）に適合しない言動が着目されたのであるが、その後は、「対話の文化」という文脈で状況が把握されることで、その文脈に合ったスクリプトに書き換える必要が出てきた。生徒がなんらかの対象ではなく、何かに取り組む主体として立ち上がるというプロセスは「指導の文化」の枠組みからは把握できない。

担任を中心に生徒との対話を基調にして支援をしていく際に、当初は「支援にのる」とか「支援にのらない」というレベルの話があったが、生徒との対話の中で支援のスクリプトが書き換えられていって、次第に「支援にのるかどうか」という軸は消滅していった。当初の一方的関係の中で作成された支援のスクリプトが、生徒が「支援にのらない」状況の中で、生徒ではなくスクリプト自体が見直されていくという対話のプロセスがあり、支援は生徒と教職員が共同構成するものであるという認識ができていったのである。「対話の文化」という枠組みでないと把握できないものがあるのだ。

「対話の文化」はこれまでの高等学校の組織文化特有の垂直的関係ではなく、水平的関係を軸とする組織文化である。実践の現場では、こうした関係の中で対話が実質的に機能する局面があり、それが繰り返されることで、組織文化を対話の文化を含めたものに変えていく契機になる可能性がある。

五．「対話の文化」から「協働の文化」へ

組織文化として「対話の文化」が切り拓かれる可能性があることを示してきたが、最後に、生徒の声を聴く対話を起点とし、「協働の文化」を形成する方略について考えてみたい。

「協働の文化」については、中教審の「チームとしての学校の在り方と今後の改善方策について（答申）」（二〇一五年）で次のような記述がある。「教員が担うべき業務や役割を見直し」という文脈で「多職種による協働の文化を学校に取り入れていくこと」が大切であり、「少数職種が孤立しないよう」、「受け入れること」ができる組織文化の形成と共に、「専門スタッフにも、子供の教育を共に担っていくチームの一員」として「学校の仕組みや教員の文化」などに関する理解が必要であるとしている。関係者のそれぞれのスクリプトはお互いに理解されるべきものとして、それぞれが存在したままになっている。

さらに、この答申では、基本的に役割分担とミドルマネジメントを校長のリーダーシップのもとに位置づけている。その意味で、垂直的関係を重視している典型的なビューロクラシーの仕組みであるが、「協働の文化」はその仕組みに機械的に付加されるかたちである。

この「チームとしての学校」を、アクター（行為主体）、スクリプト（台本）、オブジェクト（対象）の関係で考えると、次のような図5の枠組みで捉えることができる

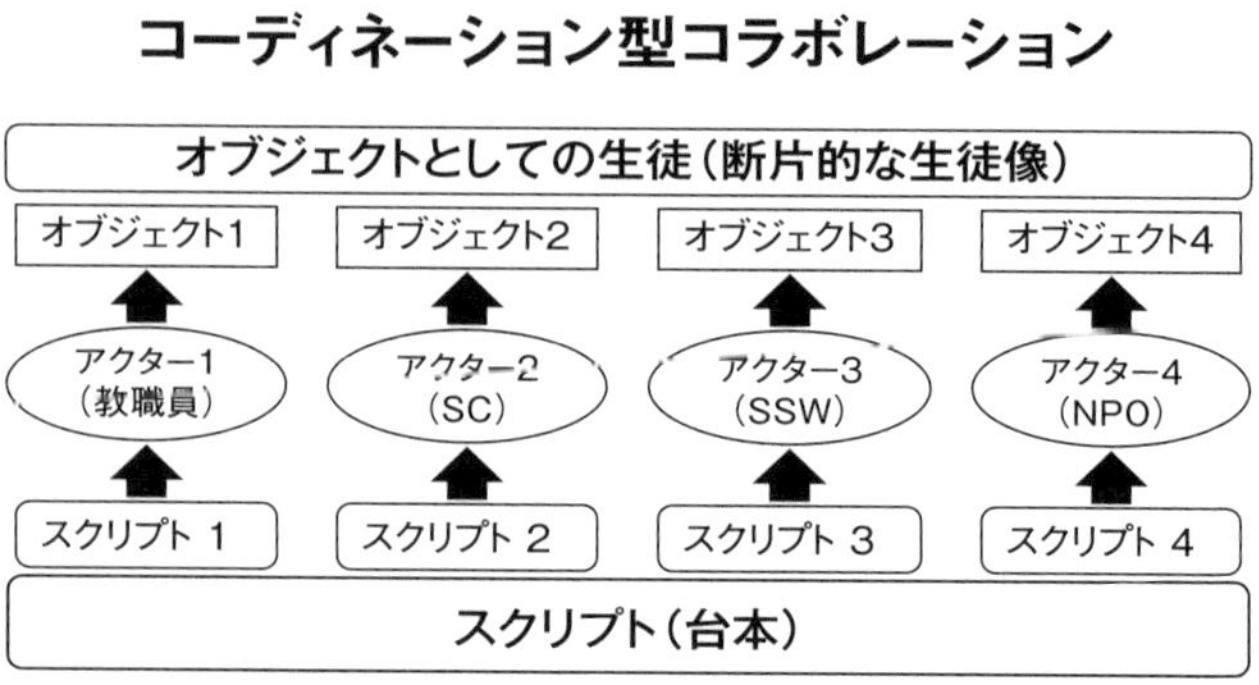
コーディネーション型コラボレーション
オブジェクトとしての生徒（断片的な生徒像）
オブジェクト1
オブジェクト2
オブジェクト3
オブジェクト4
アクター1
（教職員）
アクター2
（SC）
アクター3
（SSW）
アクター4
（NPO）
スクリプト 1
スクリプト 2
スクリプト 3
スクリプト 4
スクリプト（台本）

図５

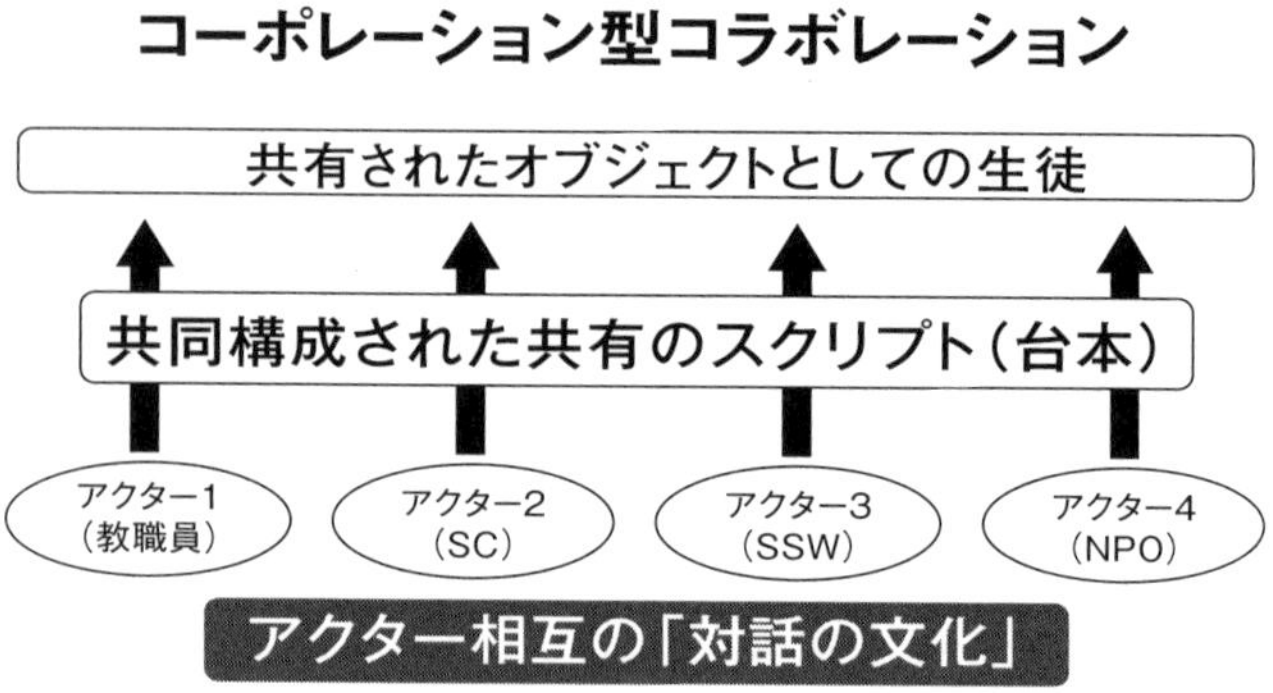
コーポレーション型コラボレーション
共有されたオブジェクトとしての生徒
共同構成された共有のスクリプト（台本）
アクター1
（教職員）
アクター2
（SC）
アクター3
（SSW）
アクター4
（NPO）
アクター相互の「対話の文化」

図６

かもしれない(9)。

多職種の専門家はそれぞれのスクリプトに従って、生徒を対象化し、それぞれが断片的な生徒像で捉えている。互いの生徒像を参考にするかもしれないが、かなり制約された「協働」である。実践においては、このレベルにとどまる「連携」が多かったのではないか。

だが、これより少し進化した形態も考えられる。図6である。

多業種の専門家は相互の対話（やりとり）を通して共通のスクリプトをつくり、それを媒介として対象を把握している。個別支援計画はこのレベルのスクリプトである。

図5とは異なり、生徒は共通の対象として把握されている、しかし、対象化されたままである。スクリプトは書き直し可能なものとなるが、アクターの間のみでの書き直しに留まり、専門家のあいだでの共有されたスクリプトはかなり権威をもち、抑圧的なものとなるリスクもある。

「チームとしての学校」の「協働の文化」は、最大限に進化してもこの「コーポレーション型」にとどまるのだろうか。

最後に、これまでの「コーディネーション型」や「コーポレーション型」とは異なるタイプの協働が、「対話の文化」内で起こり得る状況について具体的事例に即して提示する。

卒業後の進路について、ほとんど何も考えていないようであるし、かなり刹那的な問題行動を繰り返す生徒がいた。アルバイトをやろうと思っているが、面接でいつも落とされる。きっかけがあれば、自分も何かできるような気がしている。だから、よけいにいらいらしている。かなりの葛藤をかかえている。

担任としては「今のままではダメだよね」などと生徒に言っても、それでは解決にならないのはわかっている。複雑な家庭環境もあり、本人の自覚の問題ではないこともわかっている。生徒の将来のことを考えると、何とかしてやりたいが、実際にはどうにもならない。生徒に関わる教職員側にも葛藤がある。打つ手がないというかなり絶望的なものであった。

しかし、じっくり話を聴いてくれる「敷居が低い」図書室に設けられた相談の場で、

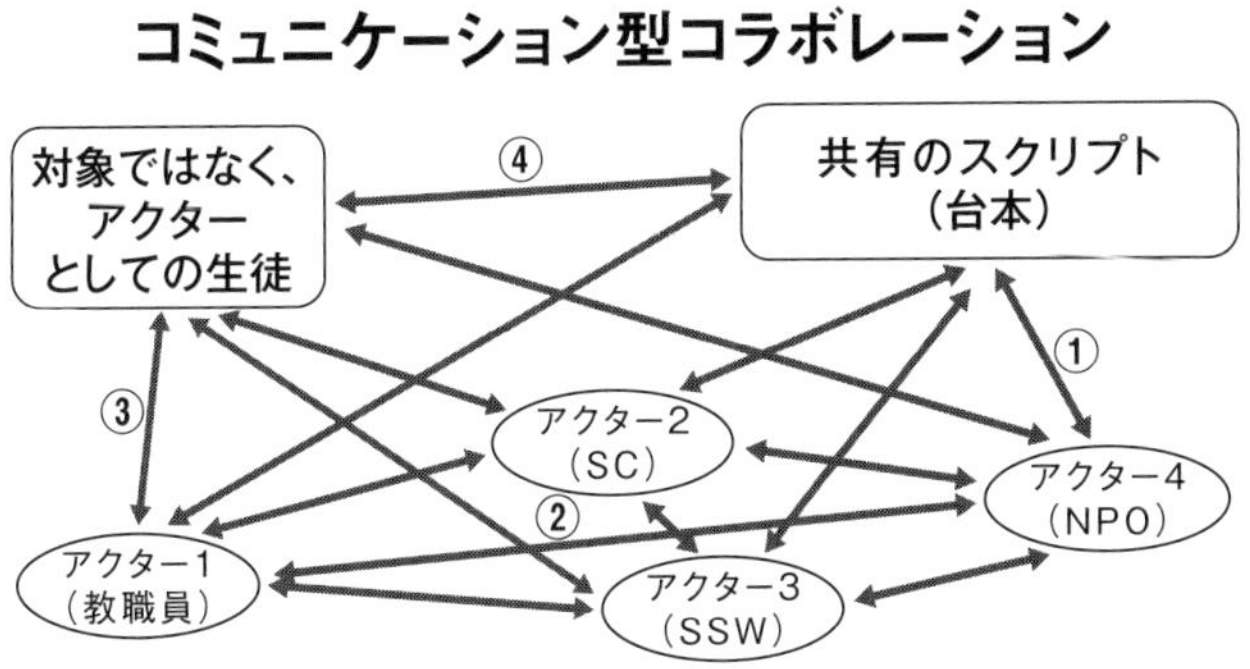

図7

厳しい状況ではあるが、実は、こんな仕事をしてみたいという話を相談のスタッフにしたことが契機となり、就職に向けての動きが始まった。ここで初めて、前向きではあるが、かなり困難な道のりを描くスクリプトが書けるようになった。

職場体験的なところから始めて、やがて有給の職業体験に辿り着く。その後、何度も苦境があったが、その都度、さまざまなアクターが何度も就職に向けてのスクリプト（台本）を書き直し、ある時には教職員も含めてほとんどのアクターがその役割から降りつつあるような厳しい場面で、本人があきらめず唯一のアクターとして浮かび上がることもあった。

このような動きを、図7で示すことにする。

ここでは、アクターとスクリプトとオブジェクトのあいだに相互作用が始まり、一連のゆたかなコミュニケーション活動が進行する。もっとも重要な変化は、これまで対象化されていた生徒がアクターに転換し、それらの間の対話により、新しいスクリプトが生成されるところにある。

矢印が交錯してかなり複雑な図になっているが、矢印は同時に展開することは稀であり、時系列に応じて随時、結ばれていくものとしてイメージすることが重要である。例えば、アクター4が共有されたスクリプト（台本）に疑問をもち（図中の①の矢印）、そのことについて、アクター1と対話をする（図中の②の矢印）。さらに、それについて、アクターとなった生徒と対話をする（図中の③の矢印）。それらの動きが契機となり、「共有のスクリプト」が書き換えられることになる（図中の④の矢印）。

この協働は「コミュニケーション主導型」であり、その都度の柔軟な動きがあり、計画と役割に縛られず、固定したものではない。その意味で、ビューロクラシー的なチーム論の枠組みでは捉えきれないものである。組織文化としての「対話の文化」は、このような「協働の文化」とつながることによって次の段階に進む可能性がある。学校組織は《支援者—被支援者》の枠組み内の協働に留まることなく、「対話の文化」

の中で生徒がアクターとして立ち上がる「コミュニケーション型協働の文化」を形成することができるであろう。

おわりに

現場の実践の中で組織文化を切り口とすることでインクルーシブな学校づくりが進展することについて述べてきた。

最後に、組織文化に関して述べてきたことに即して神奈川県の現在の取り組みに触れておきたい。神奈川県では一九九〇年代からインクルーシブ教育の取り組みが進められてきたが、最近では複数の高等学校のそれぞれに「知的障害」のある生徒の「特別枠」が設定され、インクルーシブ教育実践推進事業が始まっている。その検証はまだ本格的には行われていないが、伝統的な組織文化との関係で様々な軋轢が生まれることは十分想定される。ひらたく言えば、ここは「高校なので」という考え方である。どのように柔軟に考えることができれば、何が可能になるのか、学校組織の方針、実践、文化がどのように結びつくか、ということを明らかにする必要がある。

学校づくりという文脈では、「固い実践」と「柔らかな実践」がある。

前者は、今、目の前にある既知の手法を新しい課題に機械的に適用し、ステレオタイプに陥り、前例踏襲型になる。後者は、軋轢や矛盾を起点とし、課題解決の方法については、今はここにはまだないが、対話を起点として協働により新しいものを形成するかたちになる。

柔軟性は既存の組織文化の枠組みからの離脱を意味する。インクルーシブな学校づくりとは「指導の文化」から「対話の文化」への離脱と、さらに「協働の文化」の創造というフレームの中で考えることが重要である。


【註】

1 Gert Biesta, Mark Priestley, Sarah Robinson (2016)Teacher Agency:An Ecological Approach
2 Выготский. Л. С.(1930) Инструментальныйметод в психолохии. Собрание сочинений том первый.(1982)
3 Engeström,Y.（1987）Learning by Expanding（図2、3、4を含む）
4 Yrjö Engeström（2008）From Teams to Knots:Activity-Theoretical Studies of Collaboration and Learning at

Work

5 Marianne Teräs.(2007) Intercultural Learning and Hybridity in the Curlture Laboratory

6 Yrjö Engeström（2008）From Teams to Knots:Activity-Theoretical Studies of Collaboration and Learning at Work

7 Karen Pohio（2016）Activity Theory Tools:What about Organisational Culture（Dilani S.P et al.（eds）（2016）Activity Theory in Education 所収）

8 井上慧真（二〇二一）「高校中退と『指導の文化』」『ソシオロジ』66巻2号

9 図5、6、7については、Harry Daniels et al.（2001）Supporting Collaborative Problem-Solving in schools の Figure10.1,10.2,10.3 を参考にした。

第五章

インクルーシブ教育の担い手としての教員

―その要件は何か？―

油布　佐和子

はじめに

「一人ひとりの人間が、その人権を保障され、分け隔てられることなく共在し、社会的公正や平等が促進されること、それを教育の上でも実践すること」と、インクルーシブ教育を定義するならば、教員はどのようにしてその担い手になりうるのだろうか。近年、学校がインクルーシブの実現に貢献するのではなく、むしろ不平等・社会的格差の再生産を助長して、排除の当事者になっていることが顕在化している。同時に、こうした現実を見据えて、その改革に取り組み、社会を変える志向性を持つ「社会派教師[1]」の出現に期待を寄せる言説も現れてきた。

しかしながら、このような「社会派教師」の出現には困難が伴う。教育が社会的な真空の中で行われるのでない以上、社会・政策の動きを看過することはできないが、教職課程の内容は、心理学的な、あるいは方法的な領域に傾斜し、社会的な視点がほとんど欠落して、学生のまなざしを広く社会に向けるような仕組みが整っていないからである。

さらに重大な問題がある。教職課程で社会的な視点を育成する授業科目を設定できたとしても、それで十分とは言えない。これについて、インクルーシブと親和的な概念である「共生社会」についての岡本智周の興味深い指摘を紹介したい。

岡本は、人間の権利を擁護し、差異を社会に承認させ[2]、障害の有無によって分け隔てられることなく相互に人格と個性を尊重しあいながら共生する社会の実現をめざす「共生社会」が、若者にどのように受け止められ、認識されているかを調べた。そこでは「共生社会」という用語とその内容を理解している者は、四年制大学に進学する群で顕著に高かった。しかし同時に、そうした「共生社会」という用語が含み持つ内容よりも、「共生社会」という知識を所有すること自体に価値があると認識されていることも明らかにされたのである[3]。このことは、「共生社会」についての知識が受験や学歴という問題と関連していることを示している。単純化していえば、「共生社会」という用語は、若者にとっては受験に出る知識としてのみ有用となっているのである。

こうした知見から明らかなことは、知っていることが直ちにそれを実現する活動や実践に結びつくわけではないということである。

以上を念頭に置けば、インクルーシブ教育を実現する役割を担う教員は、その用語や内容を「知っている」だけでなく、それを「実践する」段階へ飛躍することが求められる。またこの飛躍がどのようにして可能なのかが明らかにされねばならない。

そこで本章では、教員になることの現状について検討し、その後、実際にインクルーシブ教育に取り組んできた教員が、そうでない教員とどこが違うのかを考察し、インクルーシブ教育を実現する要因を明らかにすることを目的としたい。

一．教員になることに潜む問題

今の日本で〈教員になる〉ことの中には、インクルーシブ教育の実践を行うことを妨げる複数の要因が存在する。

第一の問題は、教員集団の同質性が高く、社会的視野が希薄なことである。教職志望者の中には、両親や親類縁者などが教職に就いている者が多いこと、自らの学校体験の中で影響を受けた先生がいたことなど、早くから教員を志望するモデルがいることが知られている。さらに、教員になるために教員養成大学・学部に進学した場合、交友関係の多くは〈未来の同業者〉である。特に、小学校教員は、多くが旧国立の教員養成系大学・学部出身であり、そこでは必修科目のためにクラス単位での履修形態をとることから、集団の凝集性・閉鎖性は一層強くなる。

ところで、人々が異質なものに出会ったとき、それは既存の認知・意見・態度になじまないことから心理的な不快感や不安が惹起され、ある場合にはその原因となる現象や事物に対する排除につながることが知られている。したがって、集団の同質性の高さは、その集団の「常識」から外れた異なるものに対して不寛容で、往々にしてそれに対する強い反発へとつながりかねない。集団そのものが排他的で、偏見や差別の温床となる危険性が高いのである。

第二に、教員として望まれる「専門的な成長」が、学校組織の中、あるいは教室での授業に焦点化されることによって、教員の関心や視点はますます狭隘なものに陥りがちになる点にも留意せねばならない。

教員の成長モデルの一つは、学校組織内で占める地位の上昇や役割の変化とみなされてきた。それは、授業や生徒指導に意識が集中する新任教員時代、学年全体に目を配り、校務分掌などの経験を通して、若い教員の支援も行うようになる中堅教員時代、最終的には、学区・地域や教育委員会などの要望も視野に入れて、学校全体の運営に係る校長職に就くという軌跡として示されてきた。副校長や主幹教諭・主任教諭などが新たに配置されたことによって、これは、教員のキャリア形成として、一層明示されるようになっている。

一方で、「授業」にかかわって、「専門性の深化」を成長ととらえる立場もある。一昔前の付属学校の研究授業や学部における教育実習に典型的なように、教員の成長を、教材の開発・指導の方法・技術の高度化に求める立場がこれに該当する。そこでは、教材や発問に工夫をし、授業の展開を綿密に練り上げ、生徒の応答も含めて、教員が予期したような生徒の反応が引き出せ、意図した授業の目当てが達成されるような〈授業の達人〉になることが、教員の成長とみなされる。

これに対して、デューイなどの影響を受けた進歩主義的・児童中心的指導観に基づく学習者中心の授業の創造を重視する人々は、子どもを有能な学び手であり、自ら進んで学習するのが本来的な姿であると位置づけ、それを促す働きかけの熟達に、教員の成長を見る。

しかしながら、いずれの場合でも、伝達する知の内容やカリキュラムについて教員に自律性がない場合には、「授業の専門家」というのは、所与のカリキュラムにもとづき、基本的にはその技術の向上を意味するに過ぎない。またこのとき、カリキュラムにどれだけインクルーシブを考え実践する内容が含まれているかは大いに疑問である。

以上のように、教職経験を通じて「教員が成長する」「優れた教員になる」ことには、複数の立場があるものの、そのままでインクルーシブ教育につながる要素はほぼ見当たらない[4]。

教員として望まれる「専門的な成長」が、学校組織の中、あるいは教室での授業というような領域に焦点化されたり、与えられたカリキュラムを「どのようにうまく教えるか」という点に集中するとすれば、教員の関心や視点はますます所与の学校の中の狭隘なものに限定される可能性が高い。

すなわち、半世紀も前にローティが指摘したように[5]、教員の意識・態度は「保守主義」「現状主義」の温床となっており、本質的にクリティカルな思考のもとに新たな価値・態度を生み出す際の障壁となっているのである。

このような教員の在り方は、インクルーシブ教育が政策的必須事項として取り入れられれば、疑うことなくそれに取り組むかもしれないが、自らが率先する主体的な取り組みにはつながらないし、また、自らの指導上で都合のいいように翻案されて遂行される可能性も高い[6]。岡本が指摘したように、インクルーシブという用語は知識として所有されるだけにとどまるだろう。

二．インクルーシブ教育を担う教員のプロフィール

そこで次に、インクルーシブ教育を実際に担ってきた四名の教員へのインタビューを考察の素材として、インクルーシブ教育の実現を担う教員の特徴を検討したい。インタビューの対象となった四名のうち三名は退職校長であり、残る一名も既に学校現場からは離れている。

A先生は小学校籍であり、子どもの事実から出発し、様々な既存の枠組みを取り払い、子どもはもちろん、教職員のみならず保護者・地域の人々がともに分け隔てなく接し、子どもたちの学びに助力する実践を創造するインクルーシブを体現した小学校の初代校長となった。

B先生は高校籍である。長く解放教育の実践を積み重ね、高校の総合学科では、困

難な状況にある生徒自身が、自ら課題を考え解決するカリキュラムを構想し実践してきた。

C先生も同様に高校籍で、クリエイティブスクールに再編された、いわゆる「困難校」で、生徒たちの自立に取り組んできた。

D先生は、そのクリエイティブスクールでC先生が校長だった時代にともに学校改革を担ってきた教員であり、労働法教育や職業体験の新たな取り組みを切り開いた。

四名の教員へのインタビューは二〇二二年三月に、それぞれ一時間半から二時間、ZOOMにより実施した。内容は、どのような動機・きっかけで教員になったのか、教職に就いて何に出会い、どのようなことを考え、インクルーシブな実践の中でどのようなことを考えたか等の半構造化インタビューを実施した。

長い実践の歴史を、わずか一～二時間のインタビューで聞き取れるわけもないが、同時に、その一～二時間という短い時間の中にさえ、「インクルーシブ教育を担う教員」の在り方が随所に示された。

紙幅の関係から、すべてのインタビュー結果を紹介することは難しいため、これらのインタビューから抽出できる特筆すべき点について整理し、以下で、聞き取った内容をできる限り紹介して、[7] 共通する特徴を検討することにしたい。

三. インクルーシブ教育を担う教員の特徴

(一)「教えるための学び」から離れること

インタビューの対象となった四名の教員は、教職に就く前に、教員になるための勉強だけに集中してきたわけではないところに共通点がある。

A先生の学生時代は、水泳の大学選手権強化選手に選ばれ、水泳一色で塗りつぶされるほど、それに専念していた。C先生は、原書でヴィゴツキーなどの書籍を読み漁るなど、どちらかと言えば学究的な生活に明け暮れていた。

一方、B先生とD先生は、社会的〈正義〉の問題に学生時代から深くかかわっていた。

B先生は、高校時代に部落問題に出会ったことから、被差別部落の問題や解放教育に関心を抱き、解放教育で先端的であった大学に進学した。部落解放のサークル活動にも熱心に取り組み、同和教育推進校での実習制度に登録した。教職生活はその延長線上にある。

D先生は、大学進学や就職という機会を通じて家庭の古いジェンダー規範から離れることに腐心していた。大学卒業後は非常勤講師をする傍ら、有機農業農家の配達員として生活をし、配達先の家庭で、その生活の一端にふれるとともに、配達員に対する多様な対応を経験し、しばらくはその「人間観察」を楽しんでいた。

いずれの教員も結果として教職に就いたものの、若いころには、教職に就くための勉強に集中していたわけではない。

ただし、水泳や研究に専念していたA先生やC先生も含めて、差別や偏見など、生活の中にある自明視された〈常識〉への疑問や批判のまなざしを持ち、被差別部落やジェンダーや障害等々、それぞれに対象は異なるものの、社会的に排除されている側の立場について、考えていたことについては共通している。

A先生はインタビュー時に「理不尽なことがいっぱいあって」と、たびたび語った。様々なものに対して、承服できないという気持ちを強く持っていたことがうかがえる。教職に就いてからも、「…先生らわぁわぁ言うてるけど、子どもを洗脳して、お国のために戦いに行きますっていう、そんな兵士を作ってるだけやろうって、どっかで思ってた」というように、日常生活の中で〈引っかかる何か〉を常に感じ取っていた。また、C先生の子どもは知的障害があり、物事を深く考えるタイプのC先生は、生活の中で日々課題に直面していた。

重要なことは、これらの教員が、教職に就く前に、「人に教えるために学ぶ」のではなく、その活動・関心や疑問が、学校という領域空間を超えて、社会に結びついていた点である。そして、普通ならば、「当たり前」「自明の事」として、思考停止し、やり過ごしている事柄に対して、それを疑ったり、別の視点から考えたりする基本的な態度を持っており、簡単ではない疑問にこたえるべく格闘していた点で共通している。

(二) 実践の核としての子ども観・教育観

いずれの教員も、こうした関心や経験から、実践の中核となる教育観や子ども観についての認識的な枠組みを形成している。

A先生のインタビューを紹介しよう。

A先生の教育実践が映画化されたことにより、もう五〇代も半ばを過ぎている当時の教え子たちが、六〇名近く、校長室に集まったことがあった。そこで当時の教え子が語ったのは「先生はいっこも変わってへんな」ということだった。なにが「変わってへん」のか。かつての教え子との再会時の話を紹介しよう。

(8)——それに、何があっても先生が許してくれないことがあって、それはとてもきつかった。

例えば、「宿題忘れた」と先生に言うと、「それで？」と聞かれる。で、「休み時間にやります」というと「はい」と言って終わる。「体操服忘れました」「それで？」「友達に借ります」「はい」というような具合。でも、授業中でも、自分の考えを言わなかったら、言うまで、先生は食い下がった。本当にこれはきつかった、と。

A先生はこのことについて、「自分の考えていることは、自分の中にしかない。あんたがどう思うか、あんたにしか言えない。なのに、それをなぜ言えない」と怒ったという。

このようなやりとりの中で育つ子どもは、自分の言いたいことをしっかりと話せるようになる。
ところが、これは保護者や大人には、すこぶる評判が悪かった。A先生は、「あの先生に担任を持ってもらってから言うことを聞かなくなった」「屁理屈ばっかり言うようになった」と言われたという。大人の言うことを聞く素直な子どもが、そこでは求められていたからだ。

A先生は語る。「子どもが確実に伸びるということは、子どもが大人の言うことを聞く素直な子どもではなくて、大人と自分の考えを引き合わせる、自分の考えを伝える子どもになっていくこと」だ。

子どもが自分の考えをはっきり述べるようになることが教育の中では重要であるが、同時に他者とつながっていくことも視野に入っている。

B先生は、課題研究や、産業社会と人間の授業の中での実践を次のように語っている。

「…（赴任校では）本当に自分とか社会にとって意味のある学びとか勤労を考えて

いくような方向が求められた。総合学習的な産業社会と人間とか…課題研究とかで。やっぱり社会に参画していけるような生徒や学びを作るってことですね。参加じゃなくて参画ね」。

「…できたら問題意識を持って地域社会に出て行って人権とか人とのつながりを大事にするような子どもを育てたいと思った」。

「そこで学んだことが自分自身とか周りとか地域の変化につながっていくような、自分なりに、周囲の変容を促していくような形の学びですよね」。

Ｂ先生は、コロナ下のなかなか人に出会えない時期においても、できる限り人を高校に招いて、生徒が人と出会う機会を作ったという。

「なかなか隣の人間とも話せない中で、そういう人の話を聞いて、自分はこうしようと思って、それを本気で書いた子が増えたっていうのは…今は閉じられ気味の人間関係だとか、自分は自分の問題、自分でしか解決できないと思っていたりとか、あるいは障害があるとか虐待があったとか、いじめられていたとかいう…たぶんうちの学生でも半分くらいはそれあたるんちゃうかなと思うのやけどね。…それをどのように語りなおすっていうか、掘り返していくのかっていうことがあれば現場に出た時に太くなっていくための、僕らの時は頭でっかちのあれやったけど、現場に出た時の何かかかわるきっかけみたいなんは持つとも思うんです」。

インタビューに応じた教員は、「子どもであっても子どもなりに、自分の考えは持っているから、それを自分の言葉で伝えられることが第一であり、人とのつながりを大事にして、他者と対話し、人との関係、ひいては社会を組みなおしていく」と、この民主主義的態度を、大事にしたい価値として示していた。

「民主主義」「人権」という言葉は、手垢にまみれており、そのために、その重要性にも気づかなくなっているが、日々の実践の中で、こうした言葉の中に含意される考え方を、インタビュー対象の教員たちは実施し、一歩ずつ積み上げているのである。

(三) 職位の変化に左右されない態度

教員として実現したい価値が明確であり、その価値を実践することが行動の核心部分となっていること、そして立場の変化にもかかわらずそれが一貫している点も重要である。校長になることの一般的理解は、教員組織の位階制構造のトップに君臨することであり、〈栄誉〉〈栄転〉ともみなされる。しかしながら、インタビューに応じた先生たちの反応は、〈栄誉〉〈栄転〉からは程遠い。

C先生は、いわゆる「困難校」を立て直すために新機軸の改革を要請された高校に校長として赴任した。

赴任校では「『今度校長でだれが来るかと思えばCさんか』とか言って、『世も末だ』とか…『ありえない』とか（学校の教員たちが）言ってましたけど。でも…僕がいろんな発言したりすると『全然変わってないね』とかっていう言い方したんで」と、かつての同僚とのやり取りを紹介してくれた。

位階制組織における地位の上昇は、教員という職業の成長のレールに乗ることであり、そのことによって、その職位に要求される社会的な役割をも引き受けることになる。その結果、組織の役割に順応して、教育の中で重視する価値が変化することもまれではない。

しかしながら、インタビューに応じた教員たちは、そうした変化の中で、それまでの価値・態度が変わることはなく、変えようとする勢力に時には立ち向かい、逃げず、これに直面している。

それればかりではない。これらの教員はいわゆる理念レベルの対立や、対立的関係にこだわらない。自分たちが大事にしている価値の実現には貪欲であり、管理職という地位を〈利用する〉ことにもやぶさかではなかった。

A先生が教頭だった時の話である。その時の校長はとてもワンマンで、自分がやりたいことをやりたいタイプの人だった。また、非常に権威的で、たとえばお菓子を差し入れしてもらった時など「校長に一番先に持ってくる」ことを教職員に強いるような人だった。


でも、その校長先生が校長として采配を振るえば、職員困るし、職員困ったら子どもも困るんですよね。これがもう構図やからね…だから、この校長がとにかく要らんことせんと、機嫌よく「Aさんのおかげ私は…」と、そうしてくれるのがありがたい。

だから二枚舌使いますよ、当然。二枚舌っていうのは手段やから。目的は、子どもが安心して学べる学校ということやから…だからこの校長が「Aさん、おかしい、こんなん言うてきた、わぁわぁわぁ…」言うた時に「わかった、校長先生。私動くからね」って、校長は動かさない。…新しいことやったりとか、そんなときには、私、全部下地作っておいて「校長先生、出番」って言ったら、もう意気揚々とやりはるわけです。機嫌いいじゃないですか。でも、その時に、「私がやったのに校長の手柄になるやんか」なんて、私は一切思わない。…この校長先生がうまく、いわば掌の上でご機嫌よく校長職を全うしてくれてたら、私にとったら、教頭としてはありがたい。だから、その校長がおかしいことを言っても、「ふーん」って、笑って「それおかしいよ」って言えへん。校長先生をいい校長にしてやろうっていうのが目的ちゃうから。

このように、目的が達成されることを第一として、極めてフレキシブルな態度でそれに応じている。そこには、自分の面子や評価などはほとんど関係ない。

（四）自らの能力主義的偏見に気づくこと

面子や評価にこだわらない点は、別の観点からもまた、非常に重要である。それは、自分が持つ能力主義的な意識をどの程度相対化できるのかということと関連する。教員になる人の多くは、学校や勉強に適応的であった人々であり、それがゆえに、自分が通ってきた道やそこでの基本的な価値態度を無条件で受け入れる傾向がある。したがって、子どもを評価する場合にも、そうした態度は無意識のうちに基準となる。

D先生の語りにその例を示そう。

D先生は初任時、学区の中で〈下から三つ目〉の学校に赴任した。

「そこでは組合系の人もいるし、リベラルなおじさんとかが結構いるんですよね。…で、そうじゃない人たちもいるし、若手の人もいるし、みたいな構成なんですけど、その人たち『どうせうちの子たちはできないから』っていうのは同じなんですよ。『だから自分たちの授業がうまくいかないのもしょうがないし』って言うんです。もう腹立って。『仕事してないじゃん』って言って、『むかつく』とか思いながら。生意気、超生意気な新採だったし…」と語る。

D先生は、当時、授業に燃えていたので、生徒たちの生活に直結するような社会的な問題を題材に、フィールドワークも含めた授業を工夫した。

通常、教員にとっては、勉強が「できる」「できない」という判断枠は、当たり前だと思っており、それが評価の基準となっている。そればかりではない。人から高く評価されることや、抜きんでること、秀でることについて基本的に疑うことがない。そればかりか、さらに重要なのは教員自身がそうした評価基準で高く評価されたいという思いから逃れられないことである。

A先生は、子どもたちが互いに学びあう授業づくりをしている授業研究会の全国大会に、同僚と一緒に出席して、がっかりして帰ってきた。なぜならば、授業の研究をして、それは子どものためのはずなのに、研究会を主宰する人におもねったような報告ばかりになっていたからだ。

「学ぶ主体は子どもやねんから、子どもが学ぶわけやから…（でも）その時に、なんか研究会の会長さんに認めてもらうために、『こんな授業しました』みたいなオーラがものすごく臭かったんですよね」。

子どもの学力を保障する実践が、いつの間にか、「保障している自分を見て」と自分の評価に転倒している。このことの違和感をA先生は、インタビュー中何度も繰り返した。

A先生は続ける。

「…（若い先生たちに）『あんたの中で先生っていう商売していて、一番上位にあるものを正直に言うてみぃ、何や？』って聞いたら、自分の評価なんですよ…自分の評価があるから、暴れる子いてたら暴れないようになってほしいし、点数が悪い子がいてたら特別の教室に行かしたいし。だから、自分の評価が一番になってたら、でも、他人の評価をいつも自分の生きがいにしてたら、一生幸せな人間にならへんでって…」。

評価され、そのことによって自分の能力を示すという文化は、教員のみならず日本ではほとんど血肉化しており、それをあえて問い返すのは至難の業である。進路指導やキャリアガイダンスの中では、こうした価値観が最も強く表れる。(9) しかも、アカウンタビリティや教員評価の施策が入ってくることによって、それはますます強化されている。

一方で、インクルーシブ教育には、こうした「能力主義」の問い直しが基本的に必要である。一人ひとりが、ある基準によってはかられ、そうした競争の中に置かれることによって、相互がライバルとしての関係に陥っていき、選抜・選別される客体となることの問題点が、インクルーシブ教育の中では問われているからだ。[10] 自らが有していることのような能力主義と、それに付随する選別の仕組みを理解し、それを相対化して他者を見る目や自己の問い返しが行われない限り、インクルーシブの実践は形式的なものに終わるだろう。

（五）教員の持つ権力性の認識

さらに、教員は自分が持つ権力性を等閑視しがちである。知識や体格、経験の差が、圧倒的にそれにかなわぬものに向けられるとき、指導力を高めるという表現は、子どもに対する操作を強めるということと同義であることにあまり気が付かない。

A先生は、より明確にこれについて話してくれた。

「…授業をどう作るかとかいろいろ考えて、でも、それはおせっかいをしてるわけだから、子どもに力が付くわけがない。いい先生になろうとするのは、ある意味で子どもを餌にして自分のことを言いたいに過ぎない。教育は、気を付けなければ、いつも大人の側の支配欲に晒されて、暴力になる」。

また、こうしたおせっかいは、教育としても決して有用ではない。

例えば「様々な支援を必要とする子どもたちの支援に熱心に取り組む」教員のなかには、「支援することのやりがいに快感を覚えて、結果として支援する子どもの依存を高める結果に至ることもある」からだ。教えることが、教えられる子どもを支配下に置くことで、かれらを大人にしていくことを妨げていることもあるのだ。

また、教員の持つ権力性は、日常的にはより微妙で分かりにくく行使される。

それを述べているのは、C先生である。

「やっぱり生徒の話は、話し方とかは品がなくて、ちょっとカチンと来ても、とりあえずひとまず飲み込んでやってるうちに、何が起こるかという…前哨戦のところで『その言い方は何だ』から始まっちゃうと何も起きないでしょ…『ばばぁ』とか言われて『ばばぁ、なんて言うんじゃありません』と言った瞬間に消えちゃうものってのがあって…っていう話ですよね。…教育の場はもうちょっと奥が深くて『ばばぁ』って言われたら『なぁに？』みたいな感じで、すぐに『何の御用ですか』とか言って…」と例を出して、「形が崩れているように見えるんだけど、これが、基本形で、やりとりの出発点ができない限り何もできないので」。

「形が崩れている」というのは、一般的な教員―生徒関係の中にある〈礼儀〉のようなものを指す。しかしそれが所与のものになってしまうことにより、権力関係の不均衡の中で、生徒は口を閉ざし、そっぽを向いてしまうのである。圧倒的な力の差で互いに向き合うことを強いられるところには、「やりとりの出発点」すらない。このことに気づくかどうかは、インクルーシブ教育を考えるうえでも重要であろう。

（六）同僚の存在

さて、インタビューからは、もう一つ重要な領域が認められた。それは、人間関係の領域であり、インタビューの対象になった教員のみが孤軍奮闘してきたわけではないことである。

B先生は、すでに解放教育の長い歴史を持つ現場のネットワークの中で、実践を積み重ねてきた。A先生、C先生からは、そうしたネットワークを作り上げていくプロセスについても聞き取ることができた。

C先生の若いころは、「『上の人は何か言うから職員会議で黙ってよう』じゃなくて…これはつぶせないけれどもきちっと反対意見言って、ちょっと柔らげないといけない」というような対策を（それは主に飲食を共有する場であったらしいが）、教員仲間と練っていたという。常に直面する指導の問題だけではなく、様々なことを多面的に語り合うインフォーマルな場を同僚との間に作り上げていた。

A先生は初任時の苦い経験の後、その学年の持ちあがりを許されず、新しい学年に配置された。その時の主任は水面下で「『あの子のやってることは大事やで』みたいなことを思うてくださってたし、四人の担任のうち、私以外の三人は、年齢も性別も得意とする教科もそれぞれ違ったけれども、みんな私の考えていることを理解してくれた。それで、社会を得意とするK先生、国語を得意とするR先生、算数を得意とするX先生と私が、四人でこの学年全体をみていくことにした。学級を解体してみんなで取り組むという実践の源はここにあったと思う」と述べている。

互いが持つ教育観や、価値にかかわる問題を忌憚なく話し合える同僚がいるからこそ、安心して実践にも取り組むことができたのではないだろうか。

四．インクルーシブ教育を担う教員の要件

前述したことを踏まえて、インクルーシブ教育を担う教員の要件について考えたい。

第一に重要なことは、それが単なる知識であったとしても、まずは教員自身が社会的な視点から、教育や子どもの成長を考えることである。

冒頭で示したように、教職課程での学習には、こうした社会的な視点がほとんどない。また、教職に就く前の学生たちのボランティアなどの活動も多くが「学校の中」で行われ、予期的社会化の様相を呈している。教員になる人は、教職に就く前からその職業人生を通じて同質性の高い集団の中で活動し、またそうした集団や文化に順応するように求められている。その狭隘さをまずは打ち破る必要がある。[11] 自分の視野の

狭さや、常識という名の偏見に気づくことが、第一歩だからである。

第二に、既存の制度や組織・文化のなかにある、自らの「当たり前」を疑うことが必要であろう。特に、教員の持つ権力性や、能力主義の問題について捉え返すことは重要である。

シカゴでは、規制緩和と競争のもと、アウトプットを上げることができなかった学校は次々と閉校となる施策が実行されている。閉校は主として、社会経済状況が低い家庭の子どもたちが多い地域にあり、保護者は、子どものために転居を強いられた。同時に、閉校に伴って、学校に雇用されていた教員も失職することになった。こうした教育政策に対して、子どものために頑張っていた教員たちは教育政策に係る勉強会をはじめ、その中で新自由主義的な政策が、「弱者の切り捨て」という自分たち教員の職業生命にもつながることに気づき、保護者や住民とも歩みを一つにした「新自由主義政策」からの転換を求めていく活動を展開することになった。

競争原理に基づく弱者の切り捨ては、だれにとっても無関係ではない。勝者と敗者に分けて人々を個別化し、ひいては、その個別化された個人がよりマクロな社会的要請の中で利用される基盤を作り出すことに、教育が寄与しているのではないかという疑問や認識を持つこと[12]は重要である。それこそ「私の問題」であり、「ひとごと」ではないからだ。一歩を踏みだせるのは、こうした現状をマクロな観点から考え、他者とつながるところから生まれるのではないか。

最後に、最も重要なのは、こうした問題を忌憚なく議論しあえる同僚を探し、つながっていくことである。学校改革に携わった教員たちが口をそろえて述べることは、「仲間が三人いたら、学校は変わる」ということだった。そうした連鎖に期待したい。

【註】

1 志水宏吉『教師の底力 社会派教師が未来を拓く』（学事出版、二〇二一年）による。ただし、ここでは志水の指摘した定義とは必ずしも一致しない。また、インクルーシブ教育を推進するカリキュラム改革の中で、Teacher Agency という概念で、〈実践する教師〉を意味づける試みも始まっており（Priestley M., Biester G., & Robinson S. '*Teacher Agency: An Ecological Approach*' Bloomsbury USA Academic,2016)、世界的に〈担い手〉としての教員への注目が高まっている。

2 岡本智周「共生の教育とは何か」油布佐和子編著『教育と社会』学文社、二〇二一年、一六四頁

3 岡本智周、前掲論文、一七六頁

4 佐藤学の示す「学びの共同体」では、子どもたちの主体的な学習を推進するという点では同じであるが、学校を「人々が出会い、交流し、かかわる」公共の場としてとらえ、カリキュラムに示された知識の習得というよりは、共通の課題を学ぶことを通じて、他者との相互作用に刺激を受けながら、自分がよっ

て立つそれまでの観点を変容させていくことや、予定された知識内容を超えて新たな知の創造に向けた活動が生まれることを最終の目的とする。ここでの目的は、知識の獲得というよりは、学びそのものが市民性や公共性の涵養のプロセスのための一つの契機であり、協働することによる新たな知識の創造であると認識される。このように、インクルーシブ教育と親和的な実践がないわけではない。

5 D・ローティ著・佐藤学ほか訳『スクールティーチャー　教職の社会学的考察』学文社、二〇二一年

6 例えば、特別な支援を要する子どもへの取り組みといいながら、実は学級指導の困難さを理由に、通級指導や特別支援教室へ、積極的に子どもを〈振り分け〉る事例などがこれに該当する。

7 インタビュー対象の教員が実際に語った言葉はゴチック体で記載した。筆者が、インタビュー対象教員の語りをある程度まとめて示したところではこの限りではない。

8 以下はA先生の語りを筆者がまとめた。

9 生徒が幸せになる、というような生徒の側に立った指導も、それが「上の段階の学校に進む」ことや「より有名な学校への進学を励ます」こと等、学校を通じて上昇移動するように誘導され、一元的な価値内容に沿ったものであることが多い。岩木秀夫は「…業績主義的選抜装置としての高校が、80年代末までの経済成長期をつうじて限界集落を生み出す装置として機能してきた事実のみならず、90年代以降は卒業生をマック難民予備軍として都会や他地域に押し出す装置として機能する危険性を孕んでいる」と指摘している。（樋田大二郎、苅谷剛彦、堀健志、大多和直樹編『現代高校生の学習と進路』学事出版、二〇一四年）

10 桜井智恵子『教育は社会をどう変えたのか　個人化をもたらすリベラリズムの暴力』明石書店、二〇二一年

11 イギリスでは、初等教育教員たちのスタディ・ヴィジットが研修として実験的に取り組まれている。スタディ・ヴィジットの目的は、一人ひとり、そしてすべての人のために普遍的に定義されている人権を現実のものへと変化させることである。一例として、教員たちは東アフリカ（ケニアとタンザニア）

を訪れ、一か月滞在して、地域社会の日常生活を体験し、医療センターや、環境団体、農業団体、女性のプロジェクトのコミュニティグループなどをたずね、その社会について幅広い見識を得る。このスタディ・ヴィジットに参加した教員は「私が何について教えているか、何のために教えているのかに関する自覚を高めてくれた」と述べている。教職課程でのこうした試みも参考になるのではないか。（オードリー・オスラー編・中里亜夫監訳『世界の開発教育　教師のためのグローバル・カリキュラム』明石書店、二〇〇二年）

12　桜井智恵子、前掲書。ここでは、グローバリゼーションの中で、個別化・個人化された人々は、経済活動における〈人材〉として徴用されるために必要とされていることが示されている。

第六章

子どもから学びを奪わないために

―国際的潮流としてのインクルーシブ教育―

池田　賢市

はじめに

学校教育法第七十二条は、「障害」による困難の克服を子ども本人に求めている。

特別支援学校は、視覚障害者、聴覚障害者、知的障害者、肢体不自由者又は病弱者（中略）に対して、幼稚園、小学校、中学校又は高等学校に準ずる教育を施すとともに、障害による学習上又は生活上の困難を克服し自立を図るために必要な知識技能を授けることを目的とする。

条文が言う「障害による学習上又は生活上の困難」とは、いったいどこからきているのか。このような問いを立てておかないと、現在の自己責任論全盛の状況では、「困難」は個人の努力で克服すべきものになってしまう。そして、そのような自力で解決可能となる状態を「自立」と呼んで、個人の力の向上を図るためには特別な場所での特別な訓練が必要だ、という施策に着地する。

これは、現在の条文に改正される前のこの条文（旧法七十一条）の思想とつながっている。その後半部分は、「幼稚園、小学校、中学校又は高等学校に準ずる教育を施し、あわせてその欠陥を補うために、必要な知識技能を授けることを目的とする」となっており、障害者は「欠陥人間」であると規定されていた。もともと「欠陥」をもっているのだから、それを補うことは本人の努力次第である、というわけである。もし「困難」のありかが自分の外側にあり、自らの努力ではどうにもならないのだとすれば（そもそも努力を強いられること自体が権利侵害なのだが）、法律はまったく見当違いのことを述べていることになる。

この条文にある「困難」と「自立」は、今日の「障害児教育」のあり方を問うときのキータームとなる。これらについて、国連の障害者権利条約（二〇〇六年）などに着目しつつ検討を加えることで、インクルーシブ教育の理念とその実現のために学校がどう変わらねばならないのか、確認してみたい。

一．障害の社会モデル

人はさまざまな特性をもって生まれてくるのだが、それがどのようなものであっても生存権が保障されていなければならない（日本国憲法第二十五条）。しかし、実際には、そうなってはいない。たとえば、歩いて移動しようが、車いすで移動しようが、何の「障害」にも出会わずに社会生活が送れなくてはならないのだが、現実問題として、車いすでの移動には不自由さが伴う。しかも、その不便さ（危険性も伴う）や行動への制限が、その人の足の状態によるものだと考えられることが多い。したがって、訓練をすることによって、少しでも歩けるようになることが重要だと考えられていく。特別支援教育には、先の条文にみたように、このような発想が反映されている。保護者も、特別な訓練をしてもらえるならと、子どもを特別支援学校・学級に行かせようとする。これは身体的なことばかりではなく、いわゆる「学力」についても当てはまる(1)。

しかし、危険や不便があるのは、その人の足の問題ではない。階段があるからである。車いすユーザーのことを考えずに建物や街並みを作ってしまったからである。どんな人でも生活していけるような社会になっていることが、基本的人権の尊重の大前提であり、それができていないので、ある特定の人たちがさまざまな「障害（物）」に出会うことになる。このように、生活のいろいろな場面で多くの「障害」にぶつかる人を「障害者」あるいは「障害のある人」と呼ぶ。このようにとらえることを「障害の社会モデル」という。国連の障害者権利条約は、このように「障害」をとらえるよう各国に求めている。これは、「障害」を医学的に定義し、個人の問題とする見方とは大きく異なる。

今の例は身体的な特徴に関するもので、「わかりやすい」かもしれないが、物理的なバリアフリーのことだと勘違いされやすい。しかし、それはすべての「障害」に当てはめられなくてはならない。「見えない」「聞こえない」ということに関してはもちろんのこと、「知的障害」と言われることに関しても同様である。一定の「知的要求」を大前提にした社会生活が想定されている限り、「支援」をすればするほど、これを満たさない者をつねに排除していく構造が強固となっていく。しかも、そのような「知的要求」は、学校で身に付けるべき基礎的内容だと認識されていくことで、「満たす者」と「満たさない者」との間の処遇の違いは、正当なもの、むしろ公正・公平なものだと意識されていく。ある一定の人々の犠牲の上にいまの社会が成り立っているなどとは誰も考えなくなる「支援」の発想は、このような原理的問いにふたをしてしまう。

二.「自立」のとらえ方

障害児教育でよく話題となる「自立」をどのようにイメージすればよいか。まず前提として、「自立」とは、自分の意志で、不当な制約を受けることなく生きていけることだとの見方に異論はないであろう。とすれば、「自立」していると言われる「健常者（いわば「欠陥」がない者）」とされている人たちが、どのように生活しているかを思い起こしてみれば、「自立」の条件が見えてくるのではないか(2)。

結論は単純で、一人で生活できる人などこの世に存在しておらず、みな、補い合っている、支え合っている、それが人間の生きかたであり、「自立」の姿である、ということになる。人には得手不得手があり、知っていることも知らないこともあり、できることもできないこともあるのだから、当然である。わたしたちは自分ではできないことを他者に頼んでやってもらう。自分にはまったくわからないある知識がどうしても必要なときは、それを知っている人に聞いて、問題を解決している。このようにして、わたしたちは日々の生活を送っている。つまり、たくさんの人的ネットワークの中で生きていればこそ、いろいろなことが「できる」ということになる。自分で、自分の意志で生きていくためには、どうしても多くの「依存（依頼）」先をもつしかない。つまり、より多くの関係の中で生きていくことが「自立」した生き方であるということになる。「自立」をめざして特別支援教育があるのだとすれば、そこでの教育目標は、より多くの多様な人間関係を構築していくことでなくてはならない。

ただし、この「依存」の発想を悪意をもって展開させていくと、「障害者」は人々の間の「好意」によって生きていくのだといった、誤った（道徳的な）理解を誘発する。こうなると、福祉政策などの公的な権利保障の不備が免責されていくことになるので注意が必要である。仮に、必要なときに頼める人が周りに（自分のネットワークの中に）いなかったとしても、生活の基本的要件が確保されるシステムが構築されている必要がある。

「自立」がこのようなものだとすれば、自分と同じような「特性」の人たちとの関係しか持っていない場合、その人の生活はかなりの制約を受ける。ところが、特別支援学校・学級は、「障害児」を隔離し、多様な人間関係をつくれない環境に子どもたちを置こうとする。他者との関係の中でいかに補い合いながら生きていくかは、障害の有無にかかわらず、人としての死活問題であるにもかかわらず、「障害児」が普通学級の中でさまざまな子どもたちと出会い、さまざまな関係を築いていくことを拒み続ける人たちがいる。普通学級に「障害児」を在籍させることは、「障害児」の可能性をつぶすものだ、つまり彼らのもっている権利への侵害だと言う人もいる。自分たちが子どもから生活の術を奪ってしまっていることにはまったく気がついていない。

これには反論が予想される。実際に普通学級に入ったとしても、かなりの困難があり、結局、教育の権利が保障できないことになるのではないか、と。たぶんその通りだろう。なぜなら、現状の普通学級のあり方が、「障害児」がいることを前提に作られていないからである。差別状態を放置している今の学級のあり方をそのままにしておいて、そこに「障害児」が入ると教育が保障できないから分離していくほうがよいのだというのは、あまりに卑怯な言い分である。

車いすユーザーにとっての階段の存在は、その生活の権利を損なうものとなる。だから、そのような環境を変えて、権利を保障していくことが求められる。このことに反対する人はいないだろう。これと同様に、「障害児」がその教育への権利を確保できるように、普通学級のあり方を変えればよいのである。物理的なバリアの解消は言うまでもなく、教育方法や評価のあり方、教材のあり方など、すべての子どもたちが共に安心して学べるように変更していかなくてはならない。その時に必要になるのが「合理的配慮」である。

三．「合理的配慮」が求めているもの

その個人を取り巻く環境に困難の根っこがあるのなら、当然、その環境を変えていく必要がある。その場合、その本人が必要としているものは本人にしかわからないのだから、どのように変えていくのか、本人に聞いてみなければならない。その過程が「合理的配慮」を実現する前提となる。「合理的配慮」は、障害者権利条約の原文（英語版）を見ると、reasonable accommodation となっており、本来なら「配慮」ではなく、「調整」や「変更」と翻訳されるべきものである。「配慮」という言葉は、どうしても「配慮してあげる・してもらう」という上下関係の中での議論になりやすい。「障害者」の社会参加の機会を完全に保障するために必要な「調整」を、誰かからの「恩恵」のような形ではなく、対等な市民どうしとして話し合いながら実現していくことが求められているのである。障害者権利条約は、この合理的「調整」がなされないことを「差

別」であるとしている。(3)

たとえば、車いすユーザーにとってのスロープ設置などが、その「調整・変更」のわかりやすい例として挙げられることが多い。これさえもなかなか進まないのが日本の現状なのだが、学校教育のあり方についての「調整・変更」の不充分さに至っては、かなり深刻な状態である。つまり、すべての子どもが完全に参加の機会を確保されるような（物理的な側面ばかりではなく、教育の方法等についても）調整がなされねばならない、ということ自体への理解がまったく進んでいない（もちろん、地域によっては、この調整が実質的に成し遂げられているところもある）。学ぶために必要なさまざまな条件を整え、どの子も学べる環境にするのが学校に課せられた義務であり、それをしないことが差別であると言われているにもかかわらず、「条件」が整えられないから普通学級に「障害児」は受け入れられないとか、「勉強についていけなくなるのだからその子のためにならない」といった差別発言が堂々と語られる。

文部科学省は、「インクルーシブ教育システム」（日本型インクルーシブ教育）と称して、特別支援学校・学級の存在を「合理的配慮」の一例としている。これは徹底的に非難されていい曲解である。国連は、普通学級で共に学ぶことを大前提として、そのためにどんな「調整」が必要かを問題にしているのである。「分けない」ために何が必要かを考えるよう求めているのであって、「分けて」しまったのでは、「調整」したことにならない。それでも、「分ける」ことこそが「障害児」のためになるのだ、それこそが「合理的配慮」なのだとの強弁が、なぜ成り立ってしまうのか。

インクルージョンが必要であると言うためには、これまではエクスクルージョンの状態にあった（一定の子どもたちを排除していた）という認識が前提として存在していなくてはならない。ところが、文部科学省に、そして世論にも、この認識が共有されていないため、条約の意図がまったく通じないのではないか。一九七九年の養護学校義務化によって、公教育制度の中に「障害児が包み込まれる」ことになったのだから、排除の構造は解消された、と位置づけているのである。文部科学省は、「システム」という言葉を、分離を含めた教育体系全体を指すものとしている。

皮肉なことに、確かにインクルーシブ教育は「制度（システム）」変更を前提として実現されるのであり、字面上は、文部科学省が言う「インクルーシブ教育システム」と称するのが正しいのである。条約の原文でも、そのように表現されている。障害者権利委員会による一般的意見四号（二〇一六年、パラ十一）では、以下のように述べられている[4]。

"Inclusion involves a process of systemic reform embodying changes and modifications in content, teaching methods, approaches, structures and strategies in education to overcome barriers with a vision serving to provide all students of the relevant age range with an equitable and participatory learning experience and the environment that best corresponds to their requirements and preferences"

インクルージョンは、すべての年齢層の生徒に、公平に参加した上での学習経験と、彼らの要求や好みに最も適した環境を提供し、障壁を克服するための教育内容、教授方法、アプローチ、構造、戦略の変更と修正を具体化する制度的改革の過程を必要とする。

インクルーシブ教育の実現には、教育の制度（システム）の変更、つまり、すべての子どもたちが同じ場での教育を経験するための制度変更が求められているのである。「システム」という言葉が付いている意味は、そういうことである。

四．「選択」の自由という詭弁

文部科学省は、複数のシステムが同時に併存している状態をインクルージョンだと理解している。これを別の角度から問題化するなら、就学にあたっての「選択肢」の設定ということになる。特別支援学校・学級に行くことを選択できることが重要だと主張する人たちがいる。しかし国連は、そのような選択肢の存在自体が差別だとしている。障害者権利条約の第二十四条は、インクルーシブ教育の権利の実現のために、（日本では「インクルージョン」を「包容」と訳している）「完全な包容という目標に合致する効果的で個別化された支援措置」が取られることを求めている。つまり、さまざまな支援は「完全な包容」を達成するために取られるべきものなのだが、なぜか日本では、「個別化」という用語に反応して、いろいろな場所で教育を行うことが効果的ならば、分離・別学は正当化される、と理解している。そもそも「個別」という言葉から、それをなぜ複数の場所の設置のことだと理解するのかは不明であり、不思議としか言いようがない。

いずれにせよ、この条文が言う「目標」（共に学ぶことを教育の前提とすること）

はすっかり忘れられている。したがって、選択肢（「小分け」の思想）の存在が「合理的配慮」として正当化されていく。「効果的な」選択をできるようにするのが、「障害児」のためなのだ、と。

たとえば、小学校入学の段階から私立学校に行くという「選択」もあるではないか、それと同様に、「障害児」にも選択肢が示されるべきだという人がいる。この論理は、あることを忘れている。つまり、あらためて意思を確認されるまでもなく、学習が確保される公立の普通学校・学級に在籍することが大前提となっている制度の下で、私立学校に行くことも可能なのである。「障害児」には、この大前提が保障されていない。「選択」を強要される。そのことの中に含まれている差別性と同時に、どの道を選ぶかで、その行きつく先が別世界であるということの問題性も指摘されなくてはならない。分離されてしまえば、多様な依存先が失われていくことはすでに述べた通りである。

まずは、どんな子どもでも安心して学べる普通学校・学級が確保されていなければ、選択肢はその意味を失ってしまう。仮に何らかの「選択肢」があり得たとしても、どの選択をしても、教育への権利は何の影響もなく確保されていなければ（有利不利がない状態でなければ）、選択行動は成り立たない。したがって、特別支援学校・学級の存在を正当化したいのであれば、絶対的なインクルージョンの状態を制度的に保障しておかなくてはならないということになる。しかし、これがインクルージョンの概念においては矛盾となることはすぐにわかるだろう。選択肢の存在自体が「差別」なのだから。

五．制度の複数化の否定

国連は、分離教育を含むようなシステムのあり方を変更せよと言っており、そのためには、教育の方法等も変えていかねばならないとしている。分離を前提としたこれまでの教育方法等をそのままにしたのでは、結局、分離していくことが合理的だということになってしまうからである。まさに日本は、これまでの教育方法等を変えようとはしていないので、分けざるを得ないという結論になってしまう。

このような日本の教育制度の現状について、国連の障害者権利委員会から勧告が出された（二〇二二年八月二十二～二十三日に日本の現状に関する審査が行われ、それをもとに、九月九日に勧告)。それによれば、特別支援教育という分離教育制度の中止と、二〇二二年四月二十七日の通知(特別支援学級で半数以上の授業を受けることの要請)の廃止が求められた。また、国連は、優生思想や能力主義が「障害」をめぐるさまざまな施策にあらわれていることを見抜き、津久井やまゆり園の事件をこの観点から検証し、そのような態度を社会に広めた法的責任を問うべきだとしている(Review the Tsukui Yamayuri-en case aiming at combating eugenic and ableist attitudes and legal liability for promotion of such attitudes in society)(5)。

まさに、本書全体で問題としている課題設定とインクルージョンの実現が必須であるという点を、この勧告は全面的に支持しているのである。この勧告内容について文部科学大臣は、記者会見において、分離教育制度をやめるつもりはないと明言し、かつ、四月二十七日の通知に関しても、特別支援学級で授業時間の半数以上を受けなくてもよいと判断された子どもたちには普通学級への在籍を進めようとする通知なのだから、むしろインクルーシブな状況の推進になっているものであり、この点の理解を求めていきたい、と述べている。おそらく、後者の点に関しては、多くの人が、大臣の言うことを信用するかもしれない。しかし、条約および勧告は、そもそもそのような「判断」が機能する制度自体が差別であると言っているのである。普通学級とは異なる場所が制度として用意されている現状を解消すべきだとしているのである。その子どもの能力を見極めて、あなたは普通学校でいいですよ、あなたは特別支援学級にいたほうがいいですよ、といった「ふるい分け」をする行為自体が差別であり、権利侵害なのである。「分ける・分けない」の議論をしていること自体が、条約違反（その趣旨に反する）となる。

六．インクルーシブ教育のイメージ

ここで、あらためてインクルーシブ教育とはどのような教育の姿のことなのか、確認しておきたい。そこで、障害者権利条約の一般的意見四号「わかりやすい版」から、重要部分を引用してみたい[6]。そこでは、まずは、「障害児」が、障害のないとされる者と同じ場所で質の高い教育を受けることを「権利」として捉えることを基本としている。「効果」がある・ないといった議論でインクルージョンが論じられているわけではない。以下、ポイントのみ抄訳の形で示す。

・すべての子どもは同じ教室で学ぶ。他者と離れた学校・学級に行かされることはない。
・障害児は他の生徒と同様に質の高い教育を受け、将来に必要な支援を受ける。
・各国は、誰もが共に学べるように教育の仕組みを変える必要がある。障害児が公平に扱われ、暴力等から守られねばならない。
・障害児は自宅から近い学校で質の高い教育を受ける。

このイメージをもとに考えれば、「分けない」ほうが「効果がある（成果が上がる）」とか「ない」とかという議論に入っていくことがいかに危険なことかがわかる。仮に何らかの教育目標達成にとって「分離」が効果を発揮するのだとすれば、「効果」が出てしまうそのような教育体制（制度や方法等）が批判されなくてはならない。

なお、どうしても「分けたい」人たちからの反応として、たとえば医療的ケアを必要とする子どもについての困難さが挙げられ、普通学校に入るには保護者の付き添いが必要であると脅す学校もある。しかし、教育委員会や学校に条件を整える責任があるのであって、保護者への付き添い要求は明確な法令違反である。

また、インクルーシブ教育を「効果」という観点から進めようとした場合、道徳的な効果が語られることも多い。たとえば、「障害児」とふれ合うことでクラスのみんながやさしくなった、などと言われる。これは、「障害児・者」等、いわゆるマイノリティにさせられてきた人々（マイノリティという枠で理解されてきた人々）の教材化につながり、わたしたちはみな、市民として社会を共につくりあげていく者どうしであるという認識には至らない。結果として、人権侵害になっていく危険をはらんでいる。

仮にマイノリティへの理解を進めたいのだとしても、それは、「マイノリティ」という枠組みを必要とする社会のあり方を問うことにつながらなくてはならない。あくまでも「健常児・者」にとっての理解の対象として「障害児・者」を位置づけるなら、社会的に不自由を強いられているという側面（つまり社会モデルでの問題把握）が希薄になってしまう。しかし、このような「道徳的効果」という観点は、学校にとっては魅力的に映る。なぜなら、学校自体のあり方を変える必要がなく、子どもたちの心のあり方の問題として、子どもたちに責任転嫁できるからである。

七．道徳の教科書で描かれる障害者像

インクルーシブ教育への理解は、人々のもつ「障害者」像によって左右される。そこで、それがどのように形成されていくのか、その点についての分析もなされる必要がある。ここでは、その一端を知るために、二〇一八年から始まった「特別の教科道徳」の教科書（小学校）に描かれた「障害者」像についてごく簡単に指摘しておきたい。(7)

結論を述べれば、「障害者」の姿は、つねに「頑張っている」か、「お礼を言っている」か、「謝っている」か、「遠慮している」かに収まる。ある教材では、足を怪我して車いすに乗ることになって涙を流す場面がある。この段階で、車いすを使用するということは、泣くほどの不幸なことなのだというメッセージが伝わる。そして、その「不幸な者」をみんなで協力して電車に乗せる。やさしいみんなに協力してもらわなければ電車に乗れないこと自体が権利侵害なのではないか、という疑問は封殺される。その前に、車いすで果たして電車やタクシーに乗れるのだろうかという疑問が投げかけられている。いったいいつの時代の話なのかと疑いたくなる。このような状況

設定なので、必然的に「障害者」は、「ご迷惑をおかけします」「ありがとうございます」と繰り返すしかない。温情主義（パターナリズム）が強調されているため、対等な市民として、誰かが不便を強いられるような街のあり方でいいのかという課題設定にはならない。

しかし、「道徳」によって「人権」が保障されるという発想は根強い。では、みんなが女性にやさしくなると、女性の雇用率が上がったり、賃金が上がったり、女性の大臣が増えたりするのだろうか。これは、法律や制度の問題である。そのような制度改革がなければ、権利は保障されない。「道徳」は、そのような制度のあり方を問題としないこと（つまり現状維持）を前提として、あくまでも個人の問題として課題解決を図ろうとする。心のやさしい人の好意によって済まそうとしているので、基本的な生活の権利が保障されないまま放置されてしまう。教育におけるインクルージョンが進まないことと同じ構造である。したがって、道徳教育ですっかりやさしくなったあなたがそこにいなくても、「障害者」が自分の意志で自由に行動できる社会の仕組みが保障されなくてはならない、という「権利」の発想は育たない。

八．人権モデルの必要性

インクルーシブ教育の実現には、どうしても「人権」の視点が不可欠である。仮に社会モデルが理解されたとしても、それがバリアフリー（あるいはユニバーサルデザイン）とイコールで認識されているとすれば、問題は解決しない。なぜなら、学校内にいろいろなバリアがあって、それがまだ完全に除去されていないから「障害児」が普通学級に入れないでいる、というわけではないからである。バリアフリーをいくら進めても、そのこととインクルーシブな教育環境の実現とは次元が異なるのである。優生思想や能力主義によって、子どもたちは分類され、排除されているのであって、それは、スロープが設置されればなくなるようなものではない。しかも、そのような排除（ときには「虐殺」）の思想をカムフラージュするかのように「個別最適化」（後述）という政策が掲げられる。

確かに、社会モデルは、それまでの医療モデルや個人モデルに比べると、「障害」についての認識を一八〇度変えた点できわめて重要であった。しかし、インクルーシブな制度に変えるためには、さらに一歩進める必要がある。それが「人権モデル」と言われるとらえ方である。社会モデルによる障害観を前提としながら、子どもたちの権利保障という観点から、教育の制度全体（それが社会制度全体に及ぶ）を変えていくという認識が求められている。それは、いわば、社会モデルを成り立たせている思想を実践論として展開していくときの指針となるものである。人権課題として「障害」にいかにアプローチできるかが問われている。

今日、人は一人ひとり「違う」のだから、みんな一緒に教育するよりも、それぞれの必要に応じて個別対応していくことこそが教育の権利保障だ、という語り方が「学力論」として盛んに言われる。文部科学省は「ＧＩＧＡスクール構想」を進め、新型コロナウイルス感染症対策に便乗して、学校では、一人一台、タブレット型情報端末が配られ、「個別最適化」に向けた教育が着々と進行している。これによって、「排除」構造への批判に対抗しようとしているのだろう。実際、世論もこの罠にはまってしまう。「障害児」に丁寧に対応していくためには、やはり「個別」に分けていく必要があるのだという波に飲み込まれてしまう。

しかし、「個別」の学習は、他者との関係の中で自分の知識や認識、意見などを位置づけていくわけではない。「個別に最適」、つまり、その学習内容に他の子どもたちはまったく関係がないと言っているのだから、学びはあくまでも「自己完結」となる。かなり孤独な学習になる。これを「多様性」を尊重する教育だと言われて、本当に納得する人がいるのだろうか。先に「自立」のためには、いろいろな人間同士のつながりの構築が前提となると述べたが、それとは異なる方向に教育政策は進もうとしている。個性や多様性が、学習内容についての理解度の差異に矮小化されているのである。

九．学習活動こそインクルーシブ教育の要

みんな一緒にいること自体に意味があることは確かなのだが、そこに焦点が当たりすぎてしまい、インクルーシブ教育が語られる場合、学習に関することが二の次になりやすい。学校は、学習の場である。もちろん、その「学習」という概念の幅は広い。しかし、知育が重要な要素であることは否定できないだろう。だからこそ、国連は、教育観や学校観についてのかなり大きな「変革」を求めているのである。たとえば、共に同じ教室にいながら、テストのときだけは別教室で、ということはあってはならないのである。そんなことをすれば、物理的には同じ場にいても、結局は、「障害児」

を特別視し、排除していく（少なくとも社会を構築していく仲間ではないという）まなざしを公認していくことになる。ここにあるのは、強烈な「能力主義」による排除の正当化である。テスト自体の是非は措くとして、問題は、ある場面になると、ある子どもたちが別の場所に移動させられ、別の対応をされているという事実が、他の子どもたちに与えるメッセージである。

すべての子どもが、確実に、同じ教室で、知育を保障されていくことがインクルーシブ教育のめざすところである。「障害児」は、知識内容に関してはわからなくていいのだという授業のあり方を、障害者権利条約は認めていない。「他の子どもたちと同様に質の高い教育」が、「分けることなく」保障されなくてはならない。そのような教育のあり方に変えていくことを求めている。わからなくていい、できなくていい、という発想は、現状を変えることなく、ただ「障害児」を普通学級の椅子に座らせているだけであり、差別そのものであり、人権侵害となる。

この点が、日本の実践ではおろそかにされやすい。「学習内容はわからないけど一緒にいる」ということではインクルーシブ教育とは言えない。それぞれの子どもにとって何が必要なのか、同じ学習内容であっても、その位置づけはそれぞれに異なってくるのは当たり前である。たとえば「掛け算の理解」という大きなところは共通していても、その意味づけが異なってくる。仮にテストをしたいのであれば、全員が同じ内容のものに取り組むということにはならないだろう。[8] もし同じものなら、教員（学習指導要領）が一方的に定めた学習内容についての理解度の測定にすぎない。それは子どもにとっての学びではない。学んだ知識をどう位置づけるか、その判断は子どもたちに任されているのであって、教員が行うものではない。何が大切かは、子どもたち自身が決める。[9] 子どもが「できるようになりたい」、「知りたい」と思うのであれば、それをかなえるようにしなくてはならない。この点に障害の有無は関係ない。この保障があった上で、「できる」とはどういうことなのか、「知る」とは一体何を知ることなのか、といったことを問う地平が開ける。

おわりに

繰り返しになるが、誤解されていることが多いので確認しておきたい。「勉強はなかなかできないけれど、この子は他の子たちと楽しく学校生活を過ごしている」とか、

「他者への思いやりがある」とか、「みんなを和ませる」とか、「障害児」の普通学級でのあり方（インクルーシブ教育）をこのようなイメージで思い描いているとすれば、それは差別である。勉強は学校の中心的課題ではないといった雰囲気でインクルーシブ教育を語る人もいるが、これは障害者権利条約が述べている市民的平等の趣旨を踏みにじる理解の仕方である。「学力」論抜きにインクルーシブ教育は語れない。

おそらく学校の現場感覚としては、本章で確認してきたような方向での学校変革は「かなり難しい」という印象を持つだろう。だからこそ、いま世界中で、インクルーシブ教育の実現に向けて模索が続いているのである。歴史的な経緯から、程度の差はあるが、それを比較的早い段階で実現した国もある。自己責任や効率を重んじる風潮は日本だけではない。多くの国が悩みながらも、その国のこれまでの教育のあり方を批判的に検討しながら、インクルーシブ教育の実現に向けた政策を考えている。

インクルーシブ教育の要は、いかにして学習活動を、子どもたちを分離せずに行うかという点にある。だからこそ、国連は、教室の中の改革を、そしてそれを可能とする法令・制度の改革を求めているのである。

【註】

1 たとえば、言葉がなかなか習得できなかったが、特別支援学校（学級）で訓練されることで、これまで五〇語だった言葉が一〇〇語になったとしても、相変わらず「できない」と言われるに違いない。このことは、「障害児」に限らず、学校とはそういうところである。つまり、あることができると、急に「できる・できない」の軸が「できる」方向にグーンと伸びていき、現状が「できない」状態になる。一〇〇点を取ったとしても、「できる」方向に軸が伸びるので、現状が「できない」状態になっていく。だから、「次も頑張れ」「油断するな」などと言われてしまう。子どもたちは、常に「できない」という状況に引き戻される。これが学校教育の原則である。この軸こそがある子どもたちを「障害児」としてくくり出す機能を果たしているのだから、その軸に乗れば、永遠に「障害児」と呼ばれ続けることになる。「障害児」はこうして確実に作られ、固定化され、排除され、隔離されていく。

2 もちろん、「障害のない」者が、今の日本で、自分の意志で自由に生活できているなどとは言えない。経済状況等によって市民的自由への相当程度の制約（格差）があり、さまざまな権利侵害が起こっているのだから。

3 なお、このことは、子どもの権利条約と関連させて運用される必要もある。その第三条では、子どもについての施策は「子どもの最善の利益」を前提としていなくてはならないとしているが、ここでの訳語の「利益」は、原語（英語）では interests である。もちろん「利益」と訳しても間違いではないが、日本語の感覚としては誤解を招く。条文の趣旨は、子どもの関心がどこにあるのかをしっかりと理解・把握したうえで施策を練っていく必要があるという点にある。したがって、それは、子ども自身に聞いてみなければわからない。これが第十二条の「意見表明権」によって確保されている、という構造になっている。

4 以下のサイト（CRPD in Japan）を参照されたい。https://www.crpd-in-japan.com

5 障害者権利委員会による勧告内容については、国連のサイトの他、NPO法人DPI日本会議のサイトなども参照されたい。

6　翻訳は、『季刊 福祉労働』（現代書館）一七一号、三四～四三頁にある。

7　詳しくは、池田賢市「道徳の教科書に描かれた障害者像の特徴と問題点」（中央大学教育学研究会『教育学論集』第六十一集、二〇一九年、三三～四七頁）を参照。

8　そもそも何かを学ぶ時に、「なぜ、いま、この私が、ここで、これを」学ぶのかが問われないということは、通常はあり得ない。このような問いを大事にした実践ができないだろうか。

9　障害児教育においては、子どもの「能力」を教員が予測する場面がある。さまざまな理由で、「この子には無理ではないか」といったように。しかし、二〇〇五年にインクルーシブ教育に向けて制度転換をしたフランスでは、「障害児・者」の「能力」に対して予測することは差別だとされている。

終章

他者と「ゆたかさ」をつくる教育

平野　智之

特別支援教育を巡っては、通常教育に加われない障害児がおり、分けられた状態が長く続いていることに懸念を表明。分離教育の中止に向け、障害の有無にかかわらず共に学ぶ「インクルーシブ教育」に関する国の行動計画を作るよう求めた。（二〇二二年九月九日「共同通信」電子版より）

二〇二二年九月九日、国連の障害者権利委員会は八月に実施した日本政府への審査を踏まえ、日本政府の政策の改善点について勧告を発表した。

勧告では、「すべての障害のある幼児児童生徒が、すべての教育段階において合理的配慮と必要な個別的な支援を受けられることを保障するために、質の高いインクルーシブ教育に関する具体的な目標、スケジュール、十分な予算を含めた国家行動計画を採用すること」と、政府の政策責任を明確に指摘している。

国際的な人権の水準とそれを具現化した実効性ある条約によって、日本政府が進める「分離教育」の誤りが世界的に問われたのである。

では、「分ける教育」を是とする「インクルーシブ教育」を問い直すための実践はどのような理念や方法をもって構築することが可能なのか。

二〇二一年度教育文化総合研究所『ゆたかな学び』としての学校づくり」研究委員会（以下「学び研」）では一年間にわたって議論を行ってきた。その内容をまとめたのが本書である。終章では本書の内容を振り返りながら「問い直す」ために求められる観点を改めて整理してみたい。

一・「分けること」がインクルーシブ教育の充実？

「学び研」では、まず、全国の現場を講演活動で回られていた大空小学校元校長・木村泰子委員から「インクルーシブ教育」への危惧が次のように語られた。

インクルーシブ教育をとの声に「分ける教育」を推進し特別支援教育を充実させることがその成果だと自負している学校現場が多いことに驚きをかくせない。特別支援教育を「医学モデル」で語る専門家に惑わされている現場の教員や保護者も多い。支援の必要な子にとって必要な学力をつけるために、みんなと違う教室をすすめられるのである。合理的配慮の名のもとに排除されている子どもの事実を考えなければならない。

「学び研」ではこの問題意識を共有し、二〇二二年三月に研究交流集会で「子どもの事実から『インクルーシブ教育』を問い直す」をテーマに木村泰子さんのミニ講演を実施した。左は講演を聞いた教職員の感想である。

私たちの県では、どちらかというと特別支援教育の方に目が向けられていて、悪く言えばクラスから排除する動きが主流なので、インクルーシブ教育という考え方をもっと広げていかなければならないと感じました。

「分ける」ことが支援教育の「充実」であり、子どもたちは個別支援によって「成長」すると捉えている現場がある。また、そのような方向に疑問を持ち、「ともに学ぶ」教育を進めたいと考えるが、教育行政の「分ける」教育推進によって困難に直面し、悩む教職員も多い。その声を聞くほど悩みを抱えている現場にとっては、「分ける」教育か「分けない」教育かの二項対立的な問い方では届かないと感じ、「学び研」として、より具体的に「分けない」教育のゆたかさをどう語るかが求められた。

二．いつもいっしょがあたりまえ─パブリック（公共的）な空間

木村泰子さんによる第一章は、「『みんなの学校』は全国のパブリックの学校の代名詞である」という書き出しから始まる。

それは大空小学校が「地域のすべての子どもの学習権を保障するのが学校である」というパブリックの学校の「最上位の目的」を全教職員で合意形成してそれを目標とした学校づくりを進めてきたからである。

「学習権」を教条的で固定された概念ではなく、子どもの現実から再定義し、「人を大切にする力」などを「見えない学力」として点数による「見える学力」の上位に置き、教員以外の「人」が参加する「開かれた学校」作りをめざしてきたのである。

理想とする学校の目標を掲げることは何より大切なことであるが、それは始まりに過ぎない。その理想（目標）に向かって、人と人が関わり、対話し、問うこと問われることの繰り返しが学校を作る。

私が木村さんの文章を読みながら最も打たれるのは、木村さんが校長としての自身の「弱さ」をさらけ出していくくだりである。

開校当初の大空小学校で、仲間の関わりから逃げるショウタを追いかける教員が廊下で滑って転ぶというエピソードがある。学校から出ようとしていたその子どもは踵を返してその教員のもとに歩み寄り「痛いね」と言葉をかけるのだ。その姿を見て木村さんは「小さな覚悟」をする。自分が抱いていた「この子さえいなかったら」という気持ちを全校集会で語り、校長自身が「やり直し」を行うのだ。

その場面を振り返って木村さんは次のように語っている。

この瞬間を一緒に過ごした「みんな」が、その時から「みんなの学校」をつくり始めたと言っても過言ではない。「差別」や「分ける」「分けない」や「障害の子どもに手厚い支援を」や「インクルーシブ教育」などの言葉は必要なかったのだ。「いつもいっしょがあたりまえ」の言葉が生まれた瞬間だった。大空小で学び合うすべての人が、自分で体験したことが「みんなの学校」づくりの原点だ。

子どもの姿によってそれまでの自身を捉え直し、それを子どもたちや教職員へ語りかけることから学校が始まった。子ども（保護者）の現実、「とまどい」、「不安」をクラスや教員個人の枠を超えて学校全体としてうけとめ、その答えを子どもから教わり、地域の人々と共有しながら学校が作られていくのである。

「一緒にいるというあたりまえの日々のありのままの姿」の中に問いが生まれ、答えが模索される。インクルーシブな学校とは、シンプルに子どもの姿から出発し、目の前の子どものために大人は何ができるかを考えることができる学校である。それがパブリックな学校であり、「みんなの学校」なのである。

三．「他者に責任を持つ存在」である権利——公共空間への参加

「学び研」で、「分ける教育／分けない教育」の二項対立的図式の限界を指摘し、「分けない教育」の目的をどう語るかについて議論の土台を作ったのは、倉石一郎委員（京都大学）であった。

倉石さんは、「分ける教育」にはそもそも「無教育」が露出しており、「どちらが効果的か」とか、「分けない」ことは権利、のようにその土俵に乗る議論は悪手である

と指摘された。その上で「ともにいない」時に、次の二つが失われることを理由に「分けない教育」の議論を進めていく。

その一つは「自分たちは排除されないという安心」感、つまり「分離・隔離されない自由」を奪われたこと。もう一つは、人が人として人の前に「あらわれ」る空間と時間が奪われ、そのことで「他者に対して責任を持つ」行動や考え、「他者を責任ある存在」として接する態度（倫理）を育む機会を失うことである。

二点目についてその機会を持つことができた例を、倉石さんはやはり大空小学校の記録映画『みんなの学校』の中に見出し、次のように述べている。

> 『みんなの学校』には何度も、セイちゃんの校長室での「やり直し」のシーンが映し出されていた。そこで木村泰子校長はあくまでセイ自身の口から謝罪や反省の弁が出ることにこだわり、何度もやり取りを重ねていた。

前の学校では奪われていた「公共空間」へ参加するセイちゃんの自由は、大空小学校という場で保障された。具体的には「クラスメイトの一緒に遊ぼうという呼びかけを拒否したその自らの行動に徹底して責任をもつ主体として扱われ」る。

木村校長はセイちゃんへの責任を問い、セイちゃんは「自分自身」の存在そのものを現れさせることができたのである。その結果、「他者を責任ある存在」として接する態度（肯定的責任像）を育む機会を持つことになったと倉石さんは述べている。

「他者を責任ある存在」として接する態度という論点は、「分けないゆたかさ」を考える上で貴重な示唆を与えてくれた。

誰もが当たり前にいる空間で、予期しない無数の出会いによって作られる関係があり、人はその関係の中で生きていく。他者から呼びかけられ、それに応える、そうして他者への責任を持ち、自分を育てていく。すべての子どもにその空間と時間を保障する場こそインクルーシブな学びなのである。

四．声が響き合い、応答する空間をつくる

倉石さんは第三章で、流行する「生きのびる」論について触れながら、あるべき社会の姿と教育の関係について述べている。「包摂」の実現とは、「個人化」「個別最適化」

という個の生存戦略を否定する社会の創造であり、「分けないこと」の先に支え合い、学び合って社会を創造できる教育をめざす内実を掲げること、公共性、社会性を作り出す担い手を育てることが重要だという。そして、その例証として松原高校の「課題研究」の実践を挙げている。

倉石さんが、「教育が〈「生きのびる」を超える〉瞬間をまざまざと示すものだと確信した」という松原高校の課題研究発表大会は二〇二二年一月に開催されている。私が第二章で述べようとしたことは、一九七八年に始まる「準高生」の実践（「ともに学ぶ」）が、四〇年以上経った現在の「課題研究」を含む松高の教育実践（「生きのびる」を超える）と地続きであるということであった。

その地続きを考えるうえで忘れてはならないのは、単に障害のある生徒と一緒の空間にいることで生徒や学校の「変容」ができているわけではないということである。松高では「優しいチカラ」を合言葉に、クラスびらきやホームルーム合宿などの行事や、人権学習や様々なグループによる活動などで自他を認め合う教育を日常的に展開している。他者とどう学ぶか、活動するかの様々なプログラムを通じて関係性の中で生きる空間が作られている。

松高の多くの生徒たちは、いじめや家庭環境などで生きづらさを経験し、痛みを抱えながら生きている。ジュディス・バトラーは、「人間は被傷性／可傷性を持った存在」として生まれると述べているが、[1]それは、世の中の構造に適応するために他者を傷つけ、自分も傷つきやすい存在として生きていくことである。バトラーは、人が他者と出会うとき、「『私』は独自の力ではなくて、社会的規範の力によって他者を承認」[2]してしまうという。つまり、偏見やいじめという規範の中で行動せざるを得ない結果、お互いに傷つけ合ってしまうことなのである。

松高で障害のある仲間と三年間を過ごしたある生徒は、次のように語っている。

「今までは自分に余裕がなくて、笑うことが少なかった。実は弱い自分がいるから強がっていた。でも三人を始め、みんながありのままの自分のことを受け入れてくれるから強がらなくなった。嬉しい時は笑えばいいし、嫌な時は嫌だと言えばいいと思えるようになった。それにみんなの良い所が見えるようになった」。

ここから浮かびあがるのは、障害のある仲間の姿を見ようとするうちに、自分や他人の良さに気づいてそれを受けいれようとする姿である。三年間の日常が、障害を「欠けたもの」ではなくその人が持つありのままのものとして受け入れさせ、友人や自分の「欠けた部分」の見方を変えていく。

障害のある仲間との出会いは、社会的規範にとらわれることなく他者を承認するという試みの可能性であると考えることができる。かつて偏見を口にしていた自分や何も知らなかった自分が当時承認しなかった他者の声を聴こうとする。その結果、「何も知らなかった」のは他者（障害者）の痛みだけではなく、いじめや排除の中で聴くことができなかった自分自身の痛みでもあったことに気づく。障害のある仲間との関わりとは、排除し／されながら個人で生きていくという「規範」（呪い）から解かれて生きる自分を見つけることだと考えることができないだろうか。

「課題研究」では、三年間を通じた学習や活動を通じて一人ひとりがテーマ（問い）を設定する。研究とは文献や活動する人や社会に触れることでの自分自身がある「規範」の中で生きてきた自分を捉え直すことである。論文やプレゼンでは、自分の変容がかつての（または現在の）痛みとともに語られることも多い。本年一月に実施された発表大会でも、DVを受けてきた自分や、セクシュアル・マイノリティとしての自分を、NPOへの訪問などを通じてとらえ直した言葉が語られていた。生徒たちはその言葉を真剣に、また温かく受けとめて聴いていた。この言葉を紡いだのは、三年間の生徒どうし、生徒と教員の関係のゆたかさであったことは言うまでもない。関係の中で発せられる声は他者に届き、その応答の中でまた新たな声が生まれる。その交差と響きがこれからの自分の生き方、社会のあり方を問うのである。声が響き合う空間があることが公共空間であり、その声は、「(私が) 生きのびていく」から「(みんなで) どう生きていくか」を描いていくのである。「ともに学ぶ」関係や「生きのびるを超える」実践が続いてきたそのような空間をインクルーシブと呼ぶべきではないだろうか。

五．学校組織や教職員の変容に向けて

では、そんな空間がある学校はどのように作られていくのか。
中田正敏さん (神奈川県高等学校教育会館教育研究所) は、第四章で、インクルーシブ教育の推進のための組織文化が、インクルーシブ教育実践の枠組みとして位置づけられていることを指摘した。インクルーシブな文化、方針、実践の具体的な展開について提示された「インクルージョンのためのインデックス」を紹介し、学校現場に

おける「対話の文化」を起点とする改革について提案している。中田さんによると、「学校組織の出来事は時には葛藤とか擾乱として現れ、組織には緊張が走ることもある」が、「こうした葛藤などの解決を通して、それらは、変革の資源ともなり得るという考え方もできる」という。

葛藤から学校文化を変革する方法をエンゲストロームらの活動理論に求めており、学校にありがちな「指導の文化」などの問い直しを提唱する。その契機として「インクルーシブ教育」を位置付けている。

筆者は、こうした葛藤に注目し学校の組織文化を変えていくための重要な要素として、その葛藤を前にした時、学校が内を向いているか、外を向いているかが大きいと感じている。

大空小学校の開校に至る過程には地域住民の反対があったという。その解決への実践の中（葛藤とその克服）で、地域の人々が大空小学校の「応援団」となる過程があった。松原高校で言えば、七〇年代の開校時の地元高校建設を求める数万の署名から「地域に根ざした学校」を掲げたことや、九〇年代に進んだ市民参画社会に呼応した「総合学科」の開設の議論で課題に向き合ってきた。

つまり、地域や社会を向いたことによる作用で、「上から」ではない「ともに生きる教育」と、そのための（壁のない）教職員集団づくりも可能になったと言える。また、そこにはパブリックな学校という意味もあるだろう。

今、教育現場、行政、組合や研究者に求められるのは、こうした学校の要素を広く検討して、真のインクルーシブ教育実現や学校改革に向けた要素とプロセスを検討し、その組織的戦略を描くことではないだろうか。

油布佐和子さん（早稲田大学）は、「インクルーシブ教育の担い手としての教員」というテーマで、教員養成の研究の立場から、インクルーシブ教育を担う教員の要件について論じた。

インクルーシブ教育を担う要件として第一に「教員自身が社会的な視点」を持つこと、そして第二に「自らの『当たり前』を疑うこと」であるという。現在の大学での教職課程での学修に社会的視点が欠落していること、たとえ、ボランティア活動等の経験があるにせよそこでは集団や社会に順応することが求められ、自己の中にある「能力主義」や教員が持つであろう「権力性」に気づくことがないと指摘している。

今回のインタビュイーが生きてきた時代には、これまでの自分を問い直さないと次に進めないような社会的出来事や身の回りの子どもの実態などが確かにあった。社会構造を問う思想や理論も活発であったろう。

では、現在はどうなのだろうか。自分たちが問われるべき社会の課題は決して無くなっていないし、むしろ深刻化している。それに気づかないようにさせ、その構造が維持されるような作用がより働き、若者を含む人々が「問うこと」を避けるようになったようにも見える。しかし、問題の「深刻化」は教職員をめざす者や教職員自身の足元にも及んでいるとも考えられる。

油布さんも、教員をめざす者の「同質性の高さ」が残っていると述べているが、その同質性をも捉え直す必要があるのかもしれない。私が大学で関わっている、教員をめざす学生や学校現場で実践していた経験年数の少ない教職員の中には、自分の人生において「いじめ」や「虐待」また「マイノリティの課題」等に直面してきた者も少なからずいた。社会的問題の「深刻化」は、教員の「階層」や同質性を変化させている。教員をめざす若者や現場で格闘する教員と接する時、自分たちが生きている中で、つまり今という時代を生きる「当事者」として何が大切なのかを身体的に感じ取っているように思えることがある。その部分に切り込んでいくような研究や教職員集団づくりが求められている。

インクルーシブ教育を担う教員の要件も、子どもたちとの出会いやインクルーシブ教育を通じて「自分が問われ」ることで構築されていくとも考えられる。そのような観点と枠組みの提案が求められているのではないだろうか。

六．世界で進むインクルーシブな学びとともに

すでに本書の中で何度か触れられているが、二〇二二年九月の国連勧告には次のような指摘がある。

「障害のあるすべての子どもたちの通常の学校へのアクセスを確保し、通常の学校が障害のある幼児児童生徒の通常の学校への在籍を拒否することを許さないための『非拒絶』条項と政策を導入し、特別支援学級に関する通知を撤回すること」であり、文科省によって二〇二二年四月二十七日に出された「特別支援学級及び通級による指導の適切な運用について（通知）」の撤回を求めているのだ。

池田賢市さん（中央大学）は第六章でその通知の誤りを次のように明確に指摘している。

さまざまな支援は「完全な包容」を達成するために取られるべきものなのだが、なぜか日本では、「個別化」という用語に反応して、いろいろな場所で教育を行うことが効果的ならば、分離・別学は正当化される、と理解している。そもそも「個別」という言葉から、それをなぜ複数の場所の設置のことだと理解するのかは不明であり、不思議としか言いようがない。

前述した国連本部へ訴えに渡った日本の障害者や家族、支援者の様子を報じた記事を見てみよう。

「少しでも勧告に自分たちの意見を反映してほしい」。それが、約百人もの人たちがわざわざスイスまでやってきた理由だ。渡航費は所属団体の積立金で工面したり、カンパやクラウドファンディングで集めたりした。今回渡航した人たちは、実際に日本でこんな言葉を言われてきた。「子どもを育てるのは無理。中絶した方がいい」「他の子の迷惑にならなければ、普通学校にいてもいい」。障害のない人にとっては当たり前のことが、なぜ自分たちには許されないのか。「政府に任せてはいられない。自分たちの手で日本を変えよう」。そんな思いを胸に集まった。（「共同通信」、二〇二二年九月八日　電子版より）

まさに池田さんの第六章のタイトル通り、当事者たちは「子どもから学びを奪わないために」「国際的潮流としてのインクルーシブ教育」を味方につけたいと願って遠く国連本部へ行動したのである。このような世界からの厳しい目と日本の当事者の行動をもとに、改めて「インクルーシブ教育」の問い直しを行っていかねばならない。

終章のタイトルを「他者と『ゆたかさ』をつくる教育」とした。「分けないこと」での「ゆたかな学び」を現場と社会へ向けて届けることができたであろうか。どうすれば日々の実践の権力性に気づき、教職員自身が変わること（「とらわれた呪い」を解くこと）ができるだろうか。

教育と社会を問う時、「個人化」の論理を元にした「個別支援」（ケア、居場所づくりなど）が資本の再編成であることを強調し、リベラリズムの統治（暴力）においては現場の「優れた教師」の実践がその方向に回収されていくという指摘は多い。それはもちろん的を射ているが、それだけでは「なんであれ現状を変えたいと頑張っている人」の「救い」になるのは難しいかもしれない。

菊地教育総研所長による序章のサブテーマには「実践の『足場』をつくる」とある。自分や学校を問う機会は、子どもの姿を目の前にして生まれ、その教職員ら当事者の中で構築されていく。時には矛盾や葛藤を孕むその「問い」について、学校現場や教員養成課程において、それぞれが抱える「悩み」や「可傷性」に触れながら対話を重ねることが求められている。

教職員が対話を始められるきっかけとなり、自分の枠組みを問い直す場を重ねること、教職員の悩みに徹底して寄り添い、当事者と対話を重ね、その「思い」や「痛み」に共感し、それを力に変えていくことが問われている。

本書がその対話のきっかけになれば幸いである。

本書の発刊に際し、ご多忙の中執筆をすすめていただいた「学び研」の委員のみなさん、そして、編集発行にご尽力いただいた教育文化総合研究所の西原宣明さん、金親里美さんに感謝申し上げます。

【註】

1　ジュディス・バトラー著、佐藤嘉幸・清水知子訳『権力の心的な生　主体化=服従化に関する諸理論』月曜社、二〇一二年

2　前掲書、一四頁

第五章
油布　佐和子（ゆふ　さわこ）
早稲田大学教育・総合科学学術院教授。専門は教育社会学。共編著に『教育と社会（未来の教育を創る教職教養指針 4)』(学文社）など。

第六章
池田　賢市（いけだ　けんいち）
中央大学文学部(教育学専攻)教授。著書に『学びの本質を解きほぐす』(新泉社)、共編著に『人の移動とエスニシティ　越境する他者と共生する社会に向けて』(明石書店）など。

この書籍は、一般財団法人 教育文化総合研究所「『ゆたかな学び』としての学校づくり」研究委員会による報告書をもとに作成されました。

連絡先
一般財団法人 教育文化総合研究所
〒 101－0003
東京都千代田区一ツ橋 2－6－2　日本教育会館内
https://www.k-soken.gr.jp
TEL　03－3230－0564
FAX　03－3222－5416

著者紹介

序章

菊地　栄治（きくち　えいじ）

一般財団法人 教育文化総合研究所所長

早稲田大学教育・総合科学学術院教授。著書に『希望をつむぐ高校　生徒の現実と向き合う学校改革』（岩波書店）、『他人事≒自分事　教育と社会の根本課題を読み解く』（東信堂）など。

第一章

木村　泰子（きむら　やすこ）

大阪市立大空小学校初代校長。著書に『「みんなの学校」が教えてくれたこと　学び合いと育ち合いを見届けた3290日』（小学館）など。

第二章・終章

平野　智之（ひらの　ともゆき）

「『ゆたかな学び』としての学校づくり」研究委員会委員長

追手門学院大学社会学部教授、元大阪府立松原高等学校校長。共著に『未来を創る人権教育　大阪・松原発 学校と地域をつなぐ実践』（明石書店）など。

第三章

倉石　一郎（くらいし　いちろう）

京都大学大学院人間・環境学研究科教授。著書に『教育福祉の社会学　〈包摂と排除〉を超えるメタ理論』（明石書店）、『テクストと映像がひらく教育学』（昭和堂）など。

第四章

中田　正敏（なかた　まさとし）

一般財団法人神奈川県高等学校教育会館教育研究所代表。共著に『学校に居場所カフェをつくろう！　生きづらさを抱える高校生への寄り添い型支援』（明石書店）など。

みんなでつくるインクルーシブ教育

2023 年 6 月 15 日　初版第 1 刷

編　著　　平野智之・菊地栄治
著　　　　木村泰子・倉石一郎・中田正敏
　　　　　油布佐和子・池田賢市
イラスト　山口春代

発行者　　梶原　貴
発行所　　株式会社　アドバンテージサーバー
　　　　　〒 101−0003
　　　　　東京都千代田区一ツ橋 2−6−2　日本教育会館
　　　　　TEL　03（5210）9171
　　　　　FAX　03（5210）9173
　　　　　URL　https://www.adsava.co.jp
印刷・製本　シナノ印刷株式会社
ISBN コード 978−4−86446−083−5　C3037
定価（本体 1,300 円 + 税）